POËTES ILLUSTRES DE LA POLOGNE
AU XIXᵉ SIÈCLE
ADAM MICKIEWICZ

MONSIEUR THADÉE
DE « SOPLICA »
OU
LE DERNIER PROCÈS EN LITHUANIE
SUI GENERIS
RÉCIT HISTORIQUE EN DOUZE CHANTS
PAR
ADAM MICKIEWICZ

Deuxième Partie

Prix : 5 francs

PARIS
TYPOGRAPHIE DE E. PLON ET Cⁱᵉ
RUE GARANCIÈRE, 8

1877

POËTES ILLUSTRES DE LA POLOGNE

AU XIXe SIÈCLE

ADAM MICKIEWICZ

MONSIEUR THADÉE

DE « SOPLICA »

OU

LE DERNIER PROCÈS EN LITHUANIE

SUI GENERIS

RÉCIT HISTORIQUE EN DOUZE CHANTS

PAR

ADAM MICKIEWICZ

Deuxième Partie

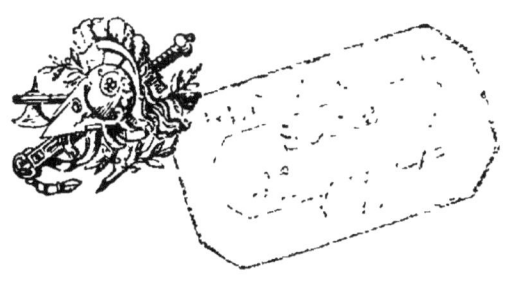

PARIS
TYPOGRAPHIE DE E. PLON ET Cie
RUE GARANCIÈRE, 8

1877

Tous droits réservés.

MONSIEUR THADÉE

DE SOPLIÇA.

(DEUXIÈME PARTIE)

CHANT SEPTIÈME

CHANT SEPTIÈME

LE CONSEIL

Le vieux Barthélemy, surnommé le Prussien,
Car il allait souvent jusqu'à la mer Baltique,
Descendant le Niémen, en barque, avec son bien,
Et citait fréquemment la Prusse antipathique,
Estimant son habile administration,
Bien qu'il ne l'aimât guère, homme d'expérience,
Politique profond, jugeant sans passion,
Exposant au conseil sa thèse avec prudence,

Ajoutant à la fin :

    « Oui, l'appui des Français
Est le gage assuré pour nous de la victoire ;
C'est avoir dans son jeu brelans d'as à souhaits,
Pour gagner à coup sûr, sans idée illusoire.
Certe, après Kosciuszko, notre vaillant héros,
Bonaparte à la guerre est le plus grand génie,
L'instrument du bon Dieu pour abréger nos maux.
L'an six, je m'en souviens, j'étais en compagnie
De parents établis à Posen, et d'amis,
Chez l'un d'eux à la chasse, en province prussienne
Par la force arrachée au malheureux pays.
Nous poursuivions gaîment des lapins en garenne,
Quand, une lettre en main, un exprès arriva,
Annonçant des Français une grande victoire ;
Nous criâmes joyeux : « Vive France ! Iéna ! »
Bénissant à genoux le Seigneur dans sa gloire,
Qui daigna châtier nos maîtres détestés...

En ville nous allons, soi-disant pour affaires,
Et feignant d'ignorer les malheurs supportés.
Les employés prussiens, conseillers, dignitaires
Nous firent grands saluts, anxieux pour leur peau,
Pareils aux charançons aspergés d'eau bouillante.
Prenant un air naïf, la mine souriante,
Nous demandons : « Qu'est-il arrivé de nouveau ?...
« Près d'Iéna, dit-on, on a livré bataille ?... »
La peur alors les gagne, étonnés que déjà,
Connaissant la défaite, on les brave, on les raille,
Ils beuglent, en pleurant : « Quel malheur ! Iéna !...
« Le terrible désastre !... O Prusse infortunée !! »
Et sans perdre de temps, quittant ville et logis,
Ils partent, maudissant leur triste destinée.
Les chemins sont remplis de fuyards, de colis,
D'Allemands en déroute : on dirait des fourmis
Cherchant un gîte ailleurs; grands chars, fourgons, voitures,
Avec femmes, enfants, pourceaux, bétail, dindons,
Cafetières, tabac, matelas, édredons,
Emportent à la hâte au loin ces créatures.

Ayant tenu conseil, nous montons à cheval,
Galopons en avant pour troubler leur retraite,
Et rossons d'importance un ennemi brutal,
Dur quand il est vainqueur, lâche dans sa défaite...
Arrive un chef portant l'ordre de l'Empereur
De nous lever en masse ; et dans une semaine,
Conduits par Dombrowski, nous extirpons le sieur
Prussien de notre sol, sans en laisser la graine.
Qu'en dites-vous, Mathias ? Si nous leur servions,
Aux Russes abhorrés, une égale râclée ?...
S'ils ont avec les Francs brouille et dissensions,
L'Empereur leur réserve une bonne volée !...
C'est un fier conquérant, le grand Napoléon !...
Nous sommes sûrs de vaincre en l'ayant pour patron.
Votre avis, vieux lapin expert en la matière ?...

On attend, inquiet, une décision.
Silencieux, Mathias, fixant toujours la terre,
Pensif, reste plongé dans sa réflexion.

Il paraît, appuyant son poignet sur la hanche,
Chercher, à cet appel, son grand sabre au côté...
Depuis l'invasion il est là sur la planche,
Inactif, attendant le jour de la revanche !...
Mathias relève enfin la tête avec fierté,
Et, de ses auditeurs en silence écouté,
A leur étonnement, à leur grande surprise,
Accentuant les mots d'une façon précise :
« Le bruit est-il fondé ?... Qui peut le garantir ?...
La guerre est-elle sûre et proche, sans mentir ?...
Où sont-ils, les Français ? Est-ce près des frontières ?...
Sous quel chef ? En quel nombre ? A quand l'agression ?
Le savez-vous vraiment ?... Soyez francs et sincères. »

La foule, bouche ouverte, à cette assertion,
Et les yeux dans l'espace, immobile et muette,
Ne savait que répondre. « Il faut le demander
Au père bernardin, qui l'a dit en cachette,
Répondit le Prussien ; mais avant d'aborder
Une insurrection, armons-nous en silence,

Par d'adroits espions, soyons bien informés ;
Agissons en secret avec tact et prudence,
De peur d'être saisis, battus et désarmés
Par le Russe en éveil. » — « Attendre ?... crie un autre,
Porteur d'une massue, appelé Goupillon,
Sobriquet que naguère il prit en bon apôtre ;
Et frappant bruyamment le plancher, le brouillon
Pose ses mains dessus, et dit avec colère :
Beau projet du Prussien ! Attendre, voir venir,
Se concerter, s'armer dans l'ombre et le mystère,
Puis, au premier danger, se disperser et fuir !...
Je ne connais Dantzik, ni Memel, ni la Prusse,
Suis noble Polonais, non Allemand ni Russe ;
Je veux les baptiser, mon goupillon en main,
Les battre et les rosser, pas plus tard que demain.
Quand il faudra mourir, j'appellerai le prêtre,
Mais en vie et santé, que m'importe Robak ?...
Si je peux dévorer le Russe et m'en repaître,
Trêve au vain radotage... Allons tous au bivac ;
Femme seule au logis peut pleurer et se plaindre ;

Bernardin doit quêter, chien de chasse épier;
Moi, de mon goupillon, j'aspergerai, sans craindre
Le péril ni la mort, le Moscovite altier!... »
Et levant sa massue, il la montre aux oisons
Qui hurlent à la fois : « Aspergeons, aspergeons !... »

Barthélemy, surnommé *Rasoir*, de son sabre effilé, et Mathias, surnommé *Cruchon*, du tromblon qu'il portait, et dont la bouche évasée laissait échapper une douzaine de balles à la fois, prirent parti pour Goupillon :

— Vive Mathias avec son Goupillon ! crièrent-ils.

Le Prussien voulut parler, mais les cris et les éclats de rire lui coupèrent la parole :

— A bas les Prussiens ! à bas les poltrons ! ils n'ont qu'à se cacher dans le capuchon du bernardin !...

Le vieux Mathias leva résolûment la tête,

Imposant le silence aux cerveaux agités :

« Ne raillez pas Robak !... dit-il ; faisant sa quête,

Il a son plan en poche. Esprit des plus fûtés,

Que j'ai su reconnaître à la première vue,

Le prêtre m'évitait, craignant de se trahir,

Et de me confesser une faute inconnue

Ou bien vite oubliée, et qui l'eût fait haïr.

Le moine est trop rusé pour me montrer sa bure ;

Il ne viendra donc pas confirmer tous ces bruits ;

S'il les propage ici, colporte et les assure,

Il le fait dans un but qu'il cache au fond d'un puits,

En abreuvant vos cœurs remplis de foi naïve ;

Il faut se défier de ses projets sournois ;

Si vous ne savez rien d'autre, en définitive,

Que me demandez-vous, tant de monde à la fois ?...

— La guerre ! — Contre qui ? Contre le Moscovite

Qui nous opprime et bat ! Faisons-la le plus vite !... »

Le Prussien ne cessait de beugler, de crier,
Élevant encor plus sa voix aigre et perçante;
Il obtint la parole à force de prier :
« Je veux me battre aussi, dit-il, et je me vante
D'avoir fait aux Prussiens un terrible parti
Rien qu'avec l'aviron. Ils voulaient, en ivresse,
Me jeter dans le fleuve où l'un fut englouti;
Les autres, écloppés, s'enfuirent en détresse.
— Bravo ! Vive le crâne ! » entonne le public.

« Mais avant, reprit-il, de commencer la guerre,
Faut-il dire avec qui ?... Pourquoi ?... Voilà le *hic !*
Il faut le proclamer à la province entière,
Pour soulever en bloc toute la nation.
Organisons-nous donc avec ordre et constance,
Formons une diète ou fédération;
Au plus digne offrons-en la haute présidence,
Comme on fit en Pologne; en voyant des Prussiens
La panique, aussitôt paysans et noblesse,

Armés, organisés et soumis aux liens
De forte discipline et de mûre sagesse,
Du vaillant Dombrowski recevant le signal,
A son ordre, en un jour, tous furent à cheval... »

— Je demande la parole, dit l'intendant de Kleck.

Il s'appelait de son vrai nom Buchman, était vêtu à la mode allemande, mais Polonais de naissance. Bien que de noblesse douteuse, il était considéré par ses concitoyens à cause du poste de confiance qu'il occupait, de la culture de son esprit et de ses sentiments patriotiques. Savant agronome, bon administrateur, s'énonçant avec facilité, il était écouté avec intérêt ; tout le monde fit donc silence ; et, après avoir salué, toussé, et s'être recueilli un instant, il parla en ces termes :

— Chers préopinants, vous avez vous-mêmes envisagé la question sous son point de vue le plus élevé. Je résumerai les débats en en constatant les deux phases principales : 1° Le but de l'insurrection et son esprit ; 2° l'autorité révolutionnaire : division logique que je vais mettre en relief, en commençant par l'autorité, qui, une fois définie, démontrera d'emblée la direction à donner à notre mouvement révolutionnaire. Que voyons-nous, en effet, en remontant aux sources dans l'histoire de l'humanité? Le genre humain, d'abord dispersé dans les bois, s'unit pour la défense commune ; c'est la première société. Chacun cède une parcelle de sa liberté pour le bien général : et c'est la première loi d'où découlent toutes les autres. Le contrat social sert donc de base à tout gouvernement dont la division devient le résultat inévitable et nécessaire.....

☆

« Quels contrats, dit Mathias, donnez-vous pour modèle ?
Ceux de Minsk? de Kïeff? [1] ou de Babin [2] plutôt?
D'où tient ses droits le Tsar qui nous bat et flagelle?
Est-il l'oint du Seigneur, ou du diable un suppôt?
A quoi bon discuter avec vous la matière?...
Comment le renverser?... Montrez-nous la manière!...

[1] Lieux où l'on se réunissait une fois l'an pour affaires et pour renouveler les baux.
[2] La république de Babin fut une association instituée, au seizième siècle, pour railler les ridicules et les vices de l'époque.

— C'est bien là qu'est le nœud, s'écria Goupillon :
Si je pouvais d'un bond sauter jusqu'à son trône,
Il prendrait de mes mains d'emblée un tel bouillon,
Que ni pacte ou contrat, ni des prêtres le prône,
Ni le pouvoir du diable ou la grâce de Dieu,
Ne sauraient le soustraire aux durs coups de mon pier
Et ne parviendraient pas à le remettre en vie...
Seul qui sait manier mon rustique instrument,
Est puissant, sieur Buchman !... Votre parole, unie
A votre expérience, iront se fondre au vent.

« — C'est cela! dit Rasoir, en faisant la navette
De l'ardent Goupillon au sage et vieux Mathias :
L'un avec sa massue et l'autre sa vergette,
Vous deux, vous rabattrez tout ce galimatias,
Et nous ferons flamber le Russe comme un cierge !
Rasoir met sa personne aux ordres de la Verge! »

L'Aspergeur crie : « A l'ordre ?... Est-ce une inspection
Un seul est nécessaire à l'entrée en campagne :

Soyez pour l'ennemi terrible en action,

Frappez, terrassez-le, sans que la peur vous gagne,

Taillant, coupant du sabre en brillants moulinets. »

— J'aime ça ! dit Rasoir : excellente tactique !

Pourquoi gâter de l'encre et salir des feuillets ?

A tous nos maux d'enfer c'est un remède unique !

Un mot peut tout sauver : *confédération;*

Mathias présidera notre prompte diète,

Sa verge annulera toute opposition,

A châtier le Russe, à frapper toujours prête.

— Vive Coq-du-Clocher ! acclama Goupillon.

— Vivent les *aspergeurs!* » de partout cria-t-on...

Un murmure s'éleva dans les coins de la salle, se propageant jusqu'au centre. Le conseil se divisait.

— Je proteste contre tout accord, criait Buchman ; tel est mon système ; je suis pour l'opposition.

— *Veto !* répétait un autre.

2.

— *Veto!* redisait-on dans les coins.

On entendit tout à coup la grosse voix du gentilhomme Skoluba, qui venait d'arriver.

— Que veut dire tout ceci, Messieurs de Dobrzyn? Serons-nous mis, nous autres, hors la loi? On a invité notre bourgade à venir, de la part du porte-clefs Rembaïlo, pour traiter d'importantes affaires concernant non-seulement les Dobrzynski, mais le district entier et toute la noblesse. Robak nous a répété la même chose à mots couverts. Finalement nous sommes arrivés, et nous avons convoqué nos voisins par des messages. Nous voilà deux cents de différentes bourgades, outre vous autres, Messieurs de Dobrzyn : délibérons donc tous ensemble. S'il faut un maréchal, votons tous : chacun a droit égal au scrutin. Vive l'égalité !

— Oui, répétèrent tous les nouveaux arrivés.

Buchman criait toujours : « L'union nous perdra. »
Et Goupillon beuglait : « Qu'avez-vous à nous dire ?
Vive notre Mathias! Certe, il nous sauvera
Comme grand maréchal, et saura vous réduire
Au silence, imbécile! Offrons-lui le bâton
De président! — *Vivat!* » répétait la bourgade;

CHANT SEPTIÈME.

Mais les nouveaux venus disaient en chœur: « Non, non! »
La foule se divise en sa folle incartade;
Les uns disaient: « *Vivat!* » et d'autres: « Non, *veto!* »

Le grand Mathias restait immobile, en silence;
Vis-à-vis, Goupillon répétait, en écho,
Sa maxime chérie : « Aspergeons! A la danse! »
Les mains sur la massue et la face au pommeau,
Semblant une citrouille au long bout d'une perche
Qu'il balançait de haut en bas, comme un roseau.
Rasoir allait de l'un à l'autre, à la recherche
D'un solide argument; et Cruchon arpentait
La salle en long, en large, ardent à la besogne
De réconcilier et d'unir par un trait
Les partis militants de la vieille Pologne.
On entendait les cris: « Aspergeons! » et « Rasons! »
Le vieux lapin rageait, bougonnant: « Polissons! »

✿

Le débat bouillonnait depuis un quart d'heure, quand on vit s'élever au-dessus des têtes la lame étincelante d'une longue et large rapière à deux tranchants, évidemment un glaive teutonique d'acier de Nuremberg. On disait que l'aïeul des Dobrzynski l'avait arraché des mains du grand maître de l'ordre, Jungingen, à la bataille de Grunwald. On reconnut à l'instant le porteur.

— C'est Canif! Vive M. Canif! s'écria-t-on... Canif, le joyau de la bourgade de Rembaïlo!... Vive Rembaïlo l'Ébréché!... Vive la Tête-de-Chevreau!... Mon petit maître!...

Gervais, perçant la foule, arriva, sabre en main,
Et, brandissant son arme au pays bien notoire
En abaissa la pointe en un courtois dessein,
Pour saluer, dit-il, la verge méritoire
De son canif aigu... « Sans donner mon avis,
Sieurs nobles de Dobrzyn, mes loyaux et bons frères,
De la réunion, en termes fort concis,
Je veux dire le but et l'état des affaires;
Vous en déciderez avec votre bon sens.

Depuis longtemps déjà circule la nouvelle
De grands événements qui surprendront les gens.
Le père bernardin vous l'a dit dans son zèle;
Tête sage comprend la cause à demi-mot.
— C'est vrai, nous le savons, cria-t-on à la ronde.
— Quand l'Empereur français et le Tsar ostrogoth
Vont se prendre aux cheveux, que les grands de ce monde
Vont se remettre en branle et guerroyer entre eux,
Imitons-les chez nous, en déclarant la guerre,
Dans notre petit cercle, aux brigands odieux,.
Des gredins criminels purifiant la terre,
Exterminant tout traître à nos tyrans uni;
A la canaille en tas nous apprendrons à vivre,
Et verrons refleurir l'ancien État béni!
— Bravo! dit le public, il parle comme un livre. »

✡

— C'est vrai, répéta Goupillon : Aspergeons, aspergeons!
Je ne connais que ça!

— Moi aussi, ajouta Barthélemy Rasoir, je suis toujours prêt à leur faire la barbe.

Mathias Cruchon ne cessait de prêcher la concorde et de recommander le choix d'un chef. Buchmann l'interrompit :

— Que les niais s'accordent, la discussion ne nuit pas aux affaires politiques. Je réclame le silence : Écoutez l'orateur ; la cause y gagnera. M. le porte-clefs a envisagé la question sous un nouveau point de vue...

— Au contraire! s'écria Gervais, j'imite l'exemple de nos aïeux ; s'occuper des affaires générales de l'État, c'est le partage des grands, il y a un Empereur pour cela ; nous aurons, j'espère, un roi, un sénat et des nonces. Ces choses-là, mon petit maître, se traitent à Varsovie ou à Cracovie, et non pas dans notre bourgade de Dobrzyn. Les articles d'une confédération ne s'écrivent pas sur une cheminée avec de la craie, mais sur des parchemins. Ce n'est pas notre affaire que d'écrire ; la Pologne a les grands greffiers de la Couronne et de la Lithuanie. Ainsi faisaient nos ancêtres. Mon affaire, à moi, c'est de tailler avec le canif.

— D'asperger avec le goupillon ! ajouta Mathias.

— De piquer avec l'alène, s'écria Barthélemy l'Alène, en montrant sa petite épée.

« Je vous prends à témoin, continua Gervais;
Robak n'a-t-il pas dit de balayer l'ordure,
Avant que l'Empereur entre avec les Français?
Est-il au monde entier plus vile créature,
Digne d'être chassée, une verge à la main,
Que le vil meurtrier du seigneur le plus brave,
Que le spoliateur de mon bon châtelain,
Enrichi par le vol, souillé de son épave,
Et voulant dépouiller encor son héritier?
Dois-je vous le nommer, le coquin misérable?...

— Soplença, dit Cruchon, l'infâme aventurier!
— Certe, interrompt Rasoir, un brigand exécrable!
— Eh bien! aspergeons-le! crie alors Goupillon,
— S'il est tel, dit Buchman, bien vite il faut le pendre!
— Courons à Soplença lui donner un bouillon! »
Hurle-t-on...

Le Prussien osa seul le défendre,
Et dompter le tumulte en élevant la voix :

« Mes chers concitoyens, montrez de la sagesse ;
Je vous conjure au nom de la sublime croix !
Monsieur le porte-clefs ! ayez moins de rudesse
Dans votre haine aveugle, étrangère aux débats,
Soyez vraiment chrétien ! Le juge est-il coupable
D'avoir pour frère un fou ? De lâches attentats
D'un coquin, d'un bandit est-il donc responsable ?
Quelque intrigue du comte, introduite au procès,
A pu les diviser, mais ne nous touche guères.
Est-ce à nous de juger de son gain ou succès ?...
Laissons-les débrouiller entre eux seuls leurs affaires.
Ils sont riches, puissants, pour bien se disputer ;
Le juge, pour avoir une paix honorable,
Cède pourtant ses droits, et veut les racheter
Au comte, qui refuse et se montre intraitable...
Le juge avec bonté traite ses paysans,
Paye tous leurs impôts, les admet à sa table,
Défend de s'abaisser à terre aux pauvres gens ;
On ne fait pas ainsi dans le vaste domaine
Que vous administrez, sieur Buchman le savant,

Voulant y pratiquer le grand art allemand.
Le juge est patriote, humain, franc et sans gêne.
Je l'ai connu tout jeune, encore en écolier,
Gai, serviable, au jeu plus fort que sur papier.
Il aima de tout temps les mœurs nationales,
Les usages anciens, détestant l'étranger,
Ses innovations et modes immorales.
Chers citoyens! je veux en tout vous obliger,
Mais ne permettrai pas qu'on fasse violence
Au juge, mon ami. Tout autre est l'union
Dans la Grande-Pologne. En grave conférence
Sur les grands résultats d'une insurrection,
Personne n'oserait y venir interrompre
Le conseil occupé d'un objet sérieux,
Exposant une affaire importune, à tout-rompre...
— Pendre un traître n'est pas si futile à mes yeux, »

S'écria Gervais en colère. Le tumulte allait croissant, quand le juif Yankiel pria qu'on lui accordât un instant d'audience.

Debout sur un banc, il s'élevait au-dessus de toutes les têtes que dominait sa grande barbe descendant jusqu'à la ceinture. De la main droite il leva lentement son bonnet à fourrure, il rajusta sa calotte de la main gauche, puis l'ayant passée dans sa ceinture, il se mit à parler, en saluant profondément à la ronde avec son bonnet :

« Nobles sieurs de Dobrzyn, je suis un simple juif,
Fermier de notre juge, et n'ai pas d'autre attache,
L'honorant comme un maître honnête, juste, actif.
J'ai pour vous, Messeigneurs, j'aime bien qu'on le sache.
Une profonde estime et le plus grand respect;
Mais, j'ose vous le dire en toute conscience,
En vérité, c'est mal et fort peu circonspect,
De vouloir faire au juge une cruelle offense.
Il vous résistera; votre sang peut couler;
Vous lutterez à mort devant le commissaire
Habitant le manoir. Et s'il fait appeler
Au secours les soldats cantonnés dans la terre
De Sopliça, craignez et défaite et prison!...

Les Français attendus sont loin de la frontière,
Et les Russes nombreux postés en garnison...
Attendez le printemps, quand nous aurons la guerre,
Si, comme on le présume, elle doit avoir lieu.
Le juge et son manoir resteront à leur place;
Vous le retrouverez alors dans son milieu,
Sans troupe, et vous pourrez faire sur lui main basse,
Sans courir de danger. Il n'est pas homme à fuir,
Pareil au mendiant qui n'a que sa besace,
Et ne défera pas sa maison à loisir,
Comme une échoppe en bois qu'on démonte et transporte.
Les deux seront alors exposés à vos coups
Que vous leur porterez en défonçant la porte.
Sans rien dire à présent, en paix retirez-vous;
Parole dite en l'air pourrait tout compromettre.
Ma Sarah mit au monde hier un beau garçon;
Si les nobles seigneurs veulent bien le permettre,
Nous fêterons, ce soir, chez moi le nourrisson :
Vous boirez à mes frais au son de la musique.
Nous boirons, sieur Mathias, l'excellent hydromel

Que je possède encore, au son patriotique
D'un nouveau mazurek qui vous ravit au ciel!...
J'aurai deux violons, et basse et cornemuse,
Et désire, Messieurs, qu'on danse et qu'on s'amuse.»

Yankiel était généralement aimé. Son éloquence trouva le chemin de tous les cœurs. De bruyants applaudissements éclatèrent de tous côtés, et furent répétés même par ceux qui n'avaient pu pénétrer dans la maison. Mais Gervais leva son canif sur Yankiel, qui s'élança du banc au milieu de la foule, poursuivi par les cris du porte-clefs.

« Hors d'ici, juif infect! dit Gervais maugréant :
Ne mets pas ton vil doigt entre l'arbre et l'écorce;
Il n'est pas question de ta peau, mécréant!...
Quant à vous, sieur Prussien, je connais votre amorce
Charriant son froment sur deux chétifs radeaux,
Vous vous égosillez à parler pour le traître...

Votre aïeul fit fortune en chargeant vingt bateaux
De grains des Horeszko ; c'est vrai ! mon petit maître !
Tous en eux à Dobrzyn avaient un protecteur ;
Les vieux peuvent le dire, en ayant la mémoire ;
Le grand panetier fut leur constant bienfaiteur,
Leur donnant place, argent et subside aratoire ;
A plusieurs de ses biens l'administration,
A la ferme, au château, postes de confiance,
Leur faisant obtenir par sa position
Honneurs et dignités, grâce à son insistance ;
Au collége il plaçait vos enfants à ses frais,
Les assistant plus tard d'un puissant patronage,
Rien que par noble cœur et par bon voisinage.
Les sieurs de Soplica, gens pervers ou niais,
Vos plus proches voisins, adonnés à leurs vices,
Vous ont-ils accordé jamais leurs bons offices?... »

— Jamais rien, interrompit Cruchon ; poussé par hasard
de graine de gentillâtre, il est bouffi d'orgueil, et relève son

nez, l'insolent ! L'ayant invité, un jour, à la noce de ma fille, je voulus le griser ; le vaniteux refusa de boire, disant : « C'est bon pour vous autres de boire comme des cruchons ! » Voyez donc le magnat ? Nous lui versâmes de vive force le vin dans le gosier, et maintenant je vais lui en verser d'une autre espèce avec mon cruchon !

— C'est un coquin, ajouta Goupillon, et que je compte asperger !... On a surnommé, grâce à lui, mon fils *sac à farine*. Car, comme un imbécile, il allait à tout moment à Sopliça, où il était amoureux de Sophie. Je l'ai tancé plus d'une fois à ce propos, mais, le prenant en pitié, je vais chez le juge demander pour lui la main de Sophie. — « Elle est encore trop jeune, me dit-il, et elle doit attendre. » Le faquin me trompait, car il la destine à un autre ; mais je saurai me glisser à la noce, et j'aspergerai le lit nuptial avec mon goupillon.

« Un pareil scélérat, reprend le porte-clefs,
Se croira tout permis, ruinant les plus dignes
Citoyens du pays. Ses crimes étalés
En public lui vaudront biens et faveurs insignes,

Lorsque des Horeszko le souvenir pieux
S'effacera des cœurs leur devant gratitude!
Vous déclarez la guerre au Tzar impérieux,
Et n'osez châtier souillure et turpitude!...
Vous craignez la prison?... Je ne vous prêche pas
En vérité, grand Dieu! le meurtre ou le pillage;
Je reste dans le droit. Le comte a, dans ce cas,
Obtenu maints décrets lui donnant en partage
Pleine propriété du fief et du château;
Il s'agit seulement de les mettre en pratique,
Comme on faisait jadis, au vieux temps, le plus beau
De notre chère, illustre et grande république!...
L'arrêt du tribunal était exécuté
Par le vaillant concours de la fière noblesse,
Des Dobrzynski surtout. Votre fraternité
Vous donne le renom et de gloire et d'adresse.
Rappelez-vous à Mysz notre expédition
Contre Wolk, protégé des Russes, leur défaite,
La prise du sieur Wolk, sa stupéfaction,
Quand il fut décidé de le suspendre au faîte

D'un gibet, châtiment de son intimité
Avec nos ennemis, et de sa cruauté
Envers ses paysans?... Ils obtinrent sa grâce,
Pardonnant de bon cœur à l'odieux tyran.
Patience!... avant peu, vous verrez sa carcasse
Embrochée à mon glaive, en guise de faisan...

« Je ne citerai pas d'autres incursions
Faites naguère ensemble et toujours glorieuses,
Faits d'armes éclatants, brillantes actions,
Mais pourquoi me nourrir d'illusions trompeuses?
Le comte vous demande aide et secours en vain...
Eh! quoi, Messieurs, malgré la bonté de sa cause,
Laisserez-vous léser les droits de l'orphelin,
Légitime héritier des terres dont dispose
Un coquin avéré, frère du meurtrier
Qui tua lâchement l'illustre Panetier!...
Je resterai donc seul à réclamer vengeance,
N'ayant que mon canif pour punir son offense? »

— Et mon *goupillon!* s'écria Mathias, tant que j'aurai mon bras pour le porter. Deux valent toujours mieux qu'un ; vive Dieu ! allons nous battre, laissons bavarder les autres.

— Prenez-moi avec vous, mes frères, dit Rasoir ; celui que vous aurez savonné, je le raserai.

—J'aime mieux aussi vous suivre, ajouta Cruchon, puisqu'on ne peut pas se mettre d'accord sur le choix d'un maréchal. Que m'importent à moi les votes et les boules ? J'en ai d'autres, des boules, s'écria-t-il en tirant de sa poche une poignée de balles, et elles serviront pour le juge !

— Nous nous joignons à vous, cria Skoluba.

— Partout où vous irez, nous vous suivrons, répéta la petite noblesse : Vivent les Horeszko ! Vive la Tête-de-Chevreau ! Vive Rembaïlo, le porte-clefs ! En avant contre Sopliça !

Gervais par sa faconde entraîne l'auditoire ;
Car tous contre le juge avaient griefs divers,

Comme proches voisins : l'un perdit, à l'en croire,
En prés, par son bétail mangés, douze thalers;
Un autre se plaignait d'avoir vu ses limites
Surprises par la force et les prétentions
Injustes d'un voisin trop fier de ses mérites;
Celui-ci dans ses bois eut des incursions;
Tous, par dépit, colère, envie ou jalousie,
Unis contre le juge en un commun accord,
Excités par Gervais ivre de frénésie,
Lèvent sabre et bâton, hurlant dans leur transport.

Morne et sombre, Mathias écoutait en silence...
Ne se contenant plus, il s'avance au milieu,
Le poignet sur la hanche et, branlant le front, lance
Ces mots accentués avec vigueur : « Morbleu!
Stupides insensés! Vous subirez la peine
De vos déportements : tant qu'il fut question
De la patrie en pleurs, du pays à la chaîne
Dont il faudrait hâter la résurrection,

Vous avez ergoté sans pouvoir vous entendre,
Pour fonder le bon ordre et vous nommer un chef.
Maintenant qu'il s'agit d'un pitoyable esclandre,
Vous voilà tous d'accord, pour venger un grief
Personnel, qui vraiment est une sotte affaire...
Imbéciles! Niais! Tas de fous et de gueux!
Détalez!... ou sinon, sacré nom d'un tonnerre!
Je vous chasse d'ici, comme des chiens galeux!... »

Tous se turent, comme frappés par la foudre... quand un cri immense retentit au dehors : « Vive le comte! » C'était lui, en effet, qui entrait dans la ferme, suivi de dix jockeys armés ainsi que lui. Monté sur un cheval de race, vêtu de noir, il portait par-dessus ses habits un large manteau brun, à l'espagnole, sans manches, attaché au cou par une agrafe et retombant par derrière en plis nombreux. Il avait sur la tête un feutre surmonté d'une plume, et en main une épée qu'il abaissait à droite et à gauche pour saluer.

« Salut au noble comte... A la vie!... A la mort! »
Beuglait-on dans la rue : et les gars, à la suite
Du fougueux porte-clefs, sortirent en renfort
Pour acclamer le comte; et tous prirent la fuite,
Abandonnant Mathias, qui ferma les verrous,
Criant par la fenêtre : « Idiots, triples fous!... »

Partisans campagnards de petite noblesse
Se groupent près du comte et vont au cabaret.
Gervais se rappelant les anciens temps d'ivresse,
De ceintures s'aidant en guise de filet,
Retire, en les plongeant, trois tonneaux de la cave :
La bière, l'eau-de-vie et le blond hydromel
Des robinets ouverts coulent en jet suave;
Une triple fontaine aux reflets d'arc-en-ciel,
Or, argent et rubis, en jaillit dans les coupes,
Qui se vident gaîment aux lèvres des buveurs.
Ils acclament, joyeux comme d'ardentes troupes,
Leur comte général, chef des nobles viveurs :

« En avant ! hurlent-ils, sus au gredin rebelle,
Sus au chien Sopliça ! sus au monstre infidèle ! »

Le juif Yankiel à temps s'esquiva; le Prussien,
L'éloquent orateur, voulut faire de même;
On courut après lui, le traitant de vaurien.
Mickiewicz restait coi, soucieux, pâle et blême;
La foule en passion, lui trouvant l'air suspect,
Tirant glaive et couteau, lui coupe la retraite;
Il lutte, il est blessé... Zan, à ce triste aspect,
Suivi de deux amis, pour venger sa défaite,
Accourt pour secourir le pauvre abandonné.
La lutte recommence et reprend de plus belle,
Lorsque Gervais mit fin au combat acharné;
Trois blessés sont par terre, et les autres en selle...

Les gaillards à cheval brandissaient leurs bâtons.
Le comte avec Gervais, rangeant la cavalcade,
Donnait aux amateurs sabres et mousquetons.

Une fois équipé, traversant la bourgade,
De la foule applaudi, l'escadron s'écria,
S'élançant en avant : « Enlevons Sopliça! »

CHANT HUITIÈME

CHANT HUITIÈME

L'INVASION.

Un silence de mort règne avant la tourmente :
Immobile au zénith, un nuage effrayant
Résiste à l'ouragan et sème l'épouvante,
Désignant de ses yeux, en éclairs flamboyants,
Les lieux où va tomber la foudre et le tonnerre.
De même, à Sopliça, un noir pressentiment
Glaçait les invités, qui songeaient à la guerre,
Anxieux d'en prévoir le fatal dénoûment.

Le repas terminé, attirés par le charme
D'une belle soirée, assis sur le perron,
Ils aspiraient l'air frais, non sans secrète alarme
Des complots de Gervais et de son fier patron.
Le ciel d'un voile sombre enveloppait la terre :
Pareils à deux amants étroitement unis,
Ils semblaient se parler dans l'ombre et le mystère,
Étouffant leurs soupirs mêlés aux sons émis
Par la nature entière en vague mélodie.
La chouette inaugure alors le chant du soir,
Et les chauves-souris de leur aile hardie
Vont frapper le vitrage éclairé du manoir,
Où, tout près de Sophie, un essaim de phalènes
Bourdonne à son oreille, et fond sur ses grands yeux
Qu'elles touchent au vol de leurs fines antennes,
Se chauffant aux rayons de leurs points lumineux.
D'insectes un nuage envahit l'atmosphère,
Résonne et vibre en sons de cristal, argentins,
Où l'on peut distinguer, à leur note bien claire,
L'hymne des moucherons du ton faux des cousins.

Afin de prendre part au concert de la plaine,
Les artistes ont mis d'accord leurs instruments :
Le râle, en violon, a chanté d'une haleine,
La basse du butor lui répond par moments ;
S'élevant dâns les airs, la bécasse en mesure
Bat sur le tambourin un air de vive allure.

Aux murmures divers d'insectes et d'oiseaux,
Comme adieux ou final, deux lacs se font entendre,
Un double chœur d'étangs dont les dormantes eaux
Reprennent, chaque soir, leur chant sonore et tendre,
Après le calme plat d'un beau jour enchanteur :
Un des lacs, sablonneux, à l'eau claire et limpide,
De son sein azuré lance un cri délateur ;
L'autre, vaseux, répond d'un son triste et timide.
De grenouilles peuplés, ils en forment deux chœurs
Qui s'unissent ensemble en gamme harmonieuse ;
Mais l'un en gais accords, et l'autre en tons mineurs,
Confondant cris de guerre avec chant de berceuse,

Ils paraissent chanter au milieu des guérets :
Harpes de la nature entonnant des versets...

L'ombre épaisse alentour devenait plus obscure ;
Parfois brillaient au loin, pareils à des flambeaux,
Des yeux de loup, luisant à travers les roseaux,
Ou les feux des bergers, cachés dans la verdure.
Quand la lune, élevant son grand disque d'argent
Sur les lacs et les bois, éclaira ciel et terre
Surpris dans un sommeil plein d'amour, ombrageant
La couche nuptiale et l'union prospère ;
Le ciel, heureux époux, entourait de ses bras
La terre, caressant ses splendides appas.

A l'autre bord, en face, apparaît une étoile,
Puis on en voit surgir centaines et milliards ;
Castor luit dans les cieux et Pollux se dévoile.
Nommés Lel et Polel par les Slaves épars,

Représentant au peuple, — union sainte et bonne,
L'un la Lithuanie, et l'autre la Couronne [1].

Plus loin étincellent les deux plateaux de la Balance sur lesquels le Créateur pesa les planètes et la terre, avant de les suspendre dans l'espace ; les mortels en ont pris modèle pour les leurs. Au nord, brille le disque étoilé du Crible par lequel Dieu fit passer, dit-on, les semences de blé, les jetant au père Adam chassé du paradis.

Un peu plus loin est le Chariot de David, avec son timon dirigé vers l'étoi'e polaire. Les vieux Lithuaniens l'appellent le char des Anges. Lucifer tenta jadis de pénétrer sur lui dans les cieux par la Voie lactée ; mais l'archange Michel l'en précipita, et le char se traîna, brisé depuis lors, parmi les étoiles. Ils savent aussi, l'ayant appris des rabbins, que le Dragon du Zodiaque, ce monstre énorme qui roule aux cieux ses anneaux d'étoiles, n'est pas un serpent, comme le prétendent les astronomes, mais un poisson : le Léviathan,

---

[1] Nom gardé par les anciennes provinces polonaises après leur union personnelle, sous un même roi, avec le grand-duché de Lithuanie, au quatorzième siècle.

trépassé par manque d'eau après le déluge, et dont les Anges suspendirent en souvenir la carcasse à la voûte céleste. Le curé de Mir suspendit ainsi dans son église le squelette d'un géant fossile.

Wojski avait puisé ces renseignements sur les étoiles dans les livres anciens et dans les traditions populaires. Sa vue, affaiblie par l'âge, ne lui permettait pas de distinguer les différentes constellations, même à travers des lunettes ; mais, sachant leurs noms et leurs formes, il en indiquait du doigt la marche et la position.

On ne l'écoutait pas, prenant faible intérêt

Aux constellations : Dragon, Crible ou Balance ;

Un nouvel hôte au ciel devenait le sujet

De curiosité, terreur et méfiance.

C'était une comète, apparue à l'ouest,

De première grandeur, se dirigeant au pôle,

Naviguant dans les airs, flamboyante et sans lest,

Droit sur le Chariot, en ligne parabole.

Sa chevelure éparse et flottant dans les cieux
En embrasse le tiers de sa queue en arrière,
Entraînant des milliers d'astres de leurs milieux.
Elle vise tout juste à l'étoile polaire.

Les Lithuaniens regardaient, chaque nuit,
Avec anxiété ce curieux spectacle,
Y voyant un signal, l'emblème et le produit
D'un phénomène au ciel qu'ils croyaient un miracle.
On entendait aussi des oiseaux attroupés
En masse dans les champs, leur cri perçant qui navre
Et vous glace, à l'aspect des vautours occupés
D'aiguiser leur gros bec dans l'espoir d'un cadavre.
Les chiens fouillaient la terre en flairant sang et mort,
Enfonçaient leurs museaux, creusant des trous de fouine,
Et hurlaient, annonçant l'affreux et triste sort,
Les ravages causés par la guerre et famine.
Les gardiens avaient vu, le soir, une ombre allant
Du cimetière au bois : une vierge ou fantôme,

A l'allure hâtive, au visage sanglant

Orné d'une auréole en feu... fatal symptôme!

Blanche apparition dont, zélé serviteur,

L'intendant du domaine au juge rendit compte.

Celui-ci de l'azur contemplait la splendeur,

Et semblait oublier sa brouille avec le comte...

Le président, assis sur un banc, au jardin,

En grande compagnie, ouvrit sa tabatière

En or et diamants, d'un éclat superfin,

Encadrant au milieu le portrait, mis sous verre,

Du feu roi Stanislas; il la fit résonner

Sous ses doigts secs et longs et, prenant une prise,

Dit avec gravité : « Sans vouloir vous donner,

Sieur Thadée, un conseil, l'opinion émise

Par le peuple vaut bien celle des connaisseurs.

A Vilna j'ai suivi les cours d'astronomie

Des frères Sniadecki, célèbres professeurs,

De l'abbé Poczobut, recteur d'académie,

Connu par sa science et son instruction,
Qui planta là pourtant télescopes et chaire,
Abandonnant du ciel l'âpre observation,
Pour finir au couvent d'une mort exemplaire.

« Astronomes, savants, ont vraiment même avis,
Sur la comète au ciel, que sur un beau carrosse
Les bourgeois, le voyant traverser vis-à-vis :
Ils vous diront : qu'il vient d'un bal ou d'une noce,
Par quelle porte urbaine, et qu'il va chez le roi
Pour en partir bientôt, allant à la frontière;
Mais l'homme assis dedans? sa charge, son emploi?
Quel ordre a-t-il reçu?... Pour la paix ou la guerre?...
Ça leur est inconnu. Je m'en souviens : jadis,
Quand Branicki partit avec sa queue infâme [1],
Pareille à celle-ci, de traîtres au pays,
Dit-il en désignant la grande étoile en flamme,

---

[1] Un des organisateurs de la confédération de Targowiça, si funeste à la Pologne, se rendant alors à Jassy, en Moldavie, pour y chercher des associés.

Le peuple, devinant d'instinct la trahison,
Saisit dans cette queue un funeste présage...
Il nomme la comète actuelle *un tison*,
Brûlant un million de gens à son passage. »

Wojski fit un salut au noble président,
Et dit : « C'est vrai, ma foi, Très-illustre Excellence !
J'en ai bonne mémoire : un pareil incident
Me fut conté jadis, dans ma première enfance,
Par le beau Sapieha, pour lors simple officier,
Maréchal de la cour ensuite, et dignitaire
De la Lithuanie; en étant chancelier,
Il s'y fit respecter, et mourut centenaire.
Il combattit sous Vienne, au temps de Sobieski,
Ayant au régiment pour chef Jablonowski.
Il nous racontait donc qu'au début de la guerre,
Le roi Jean, au moment d'entrer en action,
Pour remplir saintement du pape la prière,
Des mains du nonce obtint sa bénédiction.

Lui tenant l'étrier, l'ambassadeur d'Autriche,

Wilczek, baisa son pied. Le roi se retournant,

Dit haut : « Dieu me protége et d'espoir me fait riche :

Regardez dans les cieux l'astre tourbillonnant

Et sa queue enflammée éclairant l'infidèle,

Lui présageant désastre et massacre à la fois! »

Quand il revint, couvert d'une gloire nouvelle,

Ayant sauvé l'Empire, et l'Europe, et la Croix,

Lors de l'ovation offerte, à Cracovie,

Par le peuple en liesse et bénissant le sort,

On cita la comète, en sa course suivie

Par les Turcs arrogants, destinés à la mort,

Pareille à l'astre en feu, secret de la nature,

Que nous voyons, ce soir, illuminer les cieux.

— *Amen!* reprit le juge, acceptons-en l'augure;

Puisse un autre Jean Trois venir nous rendre heureux !

A l'occident rayonne un tout-puissant génie;

Guidé par la comète, il nous tendra la main.»

Wojski lui répondit, la mine rembrunie :

« Notre sauveur est loin, et l'espoir incertain;

La comète souvent, qui présage la guerre,
Amène aussi discorde, infortune et malheur,
Dont elle est en ce lieu fatale messagère,
Et nous menace encor d'un nouveau mal rongeur.
Or, nous eûmes hier, à dîner, à la chasse,
Entre nobles voisins d'inutiles conflits :
Le matin, commissaire et notaire tenace,
Se prirent de dispute et querelle au logis,
Et Thadée en duel provoqua le fier comte,
Touchant une peau d'ours mise en discussion...
Nous aurions, je le crois, évité ce mécompte,
Si l'on avait suivi mon indication.
J'aplanis autrefois une pareille injure;
Écoutez, messeigneurs, la piquante aventure :

Elle est arrivée aux premiers chasseurs de mon temps, au nonce Reytan et au prince de Nassau. Le prince, général de Podolie, Czartoryski, traversait la Volhynie pour se rendre dans ses terres de la couronne ou, si je ne me trompe, à la diète de Varsovie. Il s'arrêtait en chemin chez les gentilshommes de sa connaissance, tant par distraction que pour se rendre populaire. Thadée Reytan, notre nonce de Nowogrodek, chez lequel j'ai passé ma jeunesse, invita beaucoup de monde pour recevoir dignement le prince-général. Il y eut spectacle. Un voisin, M. Kaszyc, fit tirer un feu d'artifice, M. Tyrenhauz avait envoyé ses danseurs, M. Oginski sa musique, ainsi que M. Soltan. En un mot, la fête donnée à la maison fut des plus brillantes, tandis que, dans la forêt, on préparait de grandes chasses.

Vous savez, messeigneurs, que les Czartoryski, bien qu'issus des Jagellons, sont peu amateurs de la chasse, moins par paresse que par goût pour les usages étrangers ; aussi le prince-général visitait plus souvent les bibliothèques que les chenils, les boudoirs des dames que les forêts.

En compagnie du prince se trouvait un prince allemand de Nassau, qui, pendant son séjour en Libye, avait chassé, disait-on, avec des rois nègres, et avait tué un tigre avec sa pique, ce dont il aimait à se vanter. Chez nous, on chassait le sanglier. Reytan venait de tuer d'un coup de mousqueton une laie énorme. Les invités admiraient son sang-froid et son habileté ; seul, le prince de Nassau, écoutant ses éloges avec indifférence, ajouta avec dédain : — « La justesse d'un coup de feu prouve uniquement la justesse de l'œil ; tandis que, pour bien manier l'arme blanche, il faut un bras courageux. » Puis il raconta de nouveau tout au long la manière dont il tua son tigre. Reytan, d'un caractère très-irascible, transporté de colère, frappa de sa main la garde de son sabre, et dit : « — Mon prince, celui qui vise avec courage combat avec courage ; un sanglier vaut un tigre, et mon sabre votre pique. » L'Allemand riposta vivement, et la dispute allait s'échauffer, quand heureusement le prince-général, interrompant la discussion, les força de se réconcilier. Mais Reytan avait pris la chose à cœur et, gardant rancune à l'Allemand, saisit le lendemain une occasion favorable pour lui jouer un bon tour, qui faillit lui coûter la vie à lui-même...

Wojski s'arrêta ici un instant, et, demandant une prise au président, la savoura longuement pour aiguiser l'attention des auditeurs. Mais au moment où il allait continuer son récit, on fit mander le juge pour une affaire urgente. Celui-ci souhaita alors le bonsoir à ses convives, qui se dispersèrent aussitôt, les uns entrant dans la maison pour se coucher, les autres dans la grange pour y passer la nuit sur le foin. Le juge alla trouver celui qui l'attendait....

Le monde dort déjà; seul Thadée, agité,
Erre dans le couloir, veillant près de la porte

Du cher oncle, voulant en toute liberté
Lui demander conseil, ce soir, ce qu'il importe
De faire dans son cas... Il n'ose point ouvrir,
Pour ne pas déranger le juge en conférence
Avec un inconnu, qui paraît l'attendrir
Et lui faire verser des pleurs en abondance.

Les soupirs, les sanglots par Thadée entendus,
Le rendent curieux d'en pénétrer la cause :
Penché sur la serrure, il voit, les yeux tendus,
Le bon juge à genoux, Robak, en même pose,
S'embrassant et pleurant avec effusion.
Après un long moment d'un palpitant silence,
Robak à demi-voix dit, plein d'émotion :
« J'ai gardé saintement, intact en conscience,
Le secret imposé par ma confession,
Dévoué d'âme à Dieu, de corps à la patrie,
Ne voulant plus agir par gloire ou passion,
Consacré tout entier au culte de Marie...

J'ai voulu vivre en paix, sous l'habit monacal,
Sans révéler mon nom, mon état, l'origine
De ma conversion... jusqu'à l'instant final,
A personne en ce monde, en stricte discipline,
Pas même à toi, ni même à mon fils bien-aimé.
Mais le temps est venu de t'avouer, mon frère,
Le secret de ma vie en mon cœur renfermé,
Car je suis à la fin, je crois, de ma carrière.
Les esprits à Dobrzyn, excités par Gervais
Qui prêche l'action, sont en effervescence;
Nous ne verrons venir de sitôt les Français;
J'ai bien peur qu'on ne fasse avant quelque imprudence

« Ayant poussé moi-même à l'insurrection,
Je voudrais refréner leur humeur belliqueuse
Jusqu'au printemps prochain, domptant leur passion.
Le comte en fou parcourt la bourgade fiévreuse;
Je dois donc l'y rejoindre, et crains d'être trahi
Par un fin merle, ayant de mon nom souvenance;

Si Mathias le découvre à Gervais ébahi,
Certe il assouvira sa haine et sa vengeance.
A mourir sous ses coups je dois me résigner,
Je ne tiens pas, Seigneur, à ma pauvre existence;
Mais sans moi saura-t-on attendre et désigner
Le moment opportun pour se lever en masse?...

« Il faut que je me trouve, à l'aurore, demain,
A Dobrzyn, affrontant et péril et menace,
Pour tâcher d'arrêter le mouvement prochain.
Adieu, frère chéri! Si je meurs dans la lutte,
Garde-moi dans ton cœur un tendre souvenir!
Je viens de t'exposer nos projets. Exécute
Notre plan, combiné prudemment, à loisir;
Termine heureusement mon œuvre commencée,
En loyal Sopliça! » ... Il s'essuya les yeux,
Leva son capuchon, d'une main empressée
Entr'ouvrit la fenêtre, et sauta, soucieux...
Le juge resté seul, en proie à la tristesse,
Ses larmes dévorait pour vaincre sa faiblesse...

☆

Thadée attendit un instant avant de frapper à la porte ; on lui ouvrit, il entra à pas lents, salua profondément et dit :

— Mon cher oncle et mon bienfaiteur, les quelques jours que j'ai passés ici ont fui comme un éclair ; je n'ai pas eu le temps de jouir de votre présence, et je dois partir déjà, demain au plus tard. J'ai provoqué le comte ; comme en Lithuanie les duels sont défendus, je lui ai donné rendez-vous à la frontière du duché de Varsovie. Si Dieu est pour moi, j'entrerai dans les rangs de l'armée polonaise, conformément à la dernière volonté de mon père, inscrite dans son testament.

— Mon petit Thadée, répondit l'oncle, es-tu guidé par ton caractère bouillant, ou plutôt par la ruse, comme le renard poursuivi par les chiens, qui tourne sa queue d'un côté et fuit de l'autre ? Nous avons provoqué le comte ; il faut se battre avec lui, j'en conviens... mais pas tout de suite, que diable !... Nos amis communs peuvent arranger le différend ; le comte peut faire amende honorable et demander pardon... N'est-ce pas un autre démon qui vous chasse d'ici ? Voyons, parlez franchement à votre vieil oncle qu vous a servi de père ; il comprend le cœur des jeunes gens, ajouta-t-il en lui caressant le menton. Mon petit doigt m'a dit à l'oreille que vous avez, monsieur, des intrigues amoureuses. Par Dieu ! vous commencez de bonne heure à faire la cour aux dames ! Allons ! avouez-moi tout franchement.

— C'est vrai, balbutia Thadée, il y a un autre motif à mon départ, mon bon oncle... une erreur... peut-être une faute... mais il est trop tard pour la réparer... Mon oncle, n'en demandez pas davantage... Il faut que je quitte Soplica le plus vite possible...

« Oh ! dit l'oncle aussitôt, pour sûr, quelque amourette...
J'ai remarqué qu'hier vous aviez l'air boudeur,
Regardant en dessous une aimable fillette ;
Elle aussi vous fixait d'un œil sombre et grondeur.
Naïve bouderie et fol enfantillage !
Les amants prennent trop la vie au sérieux,
Tantôt se complaisant en un doux badinage,
Tantôt se querellant pour des motifs oiseux ;

Ils refusent parfois de dire une parole,
S'évitant avec soin et fuyant dans les bois,
Variant tout à coup et d'humeur et de rôle.
Si tel fâcheux malheur vous pèse de son poids,
Patientez un peu ; j'ai prompt et sûr remède
Pour guérir votre mal, rétablir l'union.
Je connais l'alphabet de l'amour jusqu'au *zède*,
Ayant dans ma jeunesse eu mainte passion.
Confessez-moi, mon cher, votre grande infortune ;
Je puis aussi vous dire un secret saisissant,
En un sincère accord faisant cause commune...

« — Mon oncle, répondit Thadée en rougissant
Et lui baisant la main, votre jeune pupille,
Sophie, à prime abord m'a plu divinement,
Et vous me destinez, dit-on, la noble fille
Du président pour femme. Ayant un sentiment
Pour l'une, en vérité, je ne saurais prétendre
Ravir le cœur de l'autre, et rechercher sa main.

Pour tâcher d'oublier, je désire entreprendre
Un grand voyage au loin; je partirai demain...

«— C'est, mon cher, dit le juge, une étrange manière
D'aimer, que de vouloir se fuir et se quitter.
Vous avez très-bien fait d'être franc et sincère ;
Me quitter par dépit et sans me consulter
Eût été, cher Thadée, une amère folie.
Que diriez-vous vraiment, si je vous mariais
A l'objet de vos feux, à ma nièce jolie?...
Soyez donc dans la joie et sans peur désormais...»

Thadée, intimidé, reprit avec tristesse :
«Oh! que vous êtes bon, cher oncle et bienfaiteur!
Mais je n'ose espérer d'obtenir votre nièce ;
Sa tante est contre moi, mon généreux tuteur...
— Nous pourrons, dit le juge, ensemble nous entendre.
— Télimène jamais n'y voudra consentir,
Lui répondit Thadée, et je ne puis attendre,

Devant absolument m'en aller et partir...
Mon cher oncle! excusez ma décision prise;
Bénissez-moi!... Je cours rejoindre nos drapeaux.»

Le juge, ramenant sa chevelure grise
Et fixant ses yeux clairs, pareils à des flambeaux,
Sur son neveu, lui dit, courroucé : « Qu'est-ce à dir
Vous croyez me tromper en jouant au plus fin,
Me parlant de duel et d'amour en délire,
D'un départ obligé qu'ordonne le destin?...
Là-dessous je devine une intrigue amoureuse;
On me l'avait bien dit!... Jeune et fourbe imposteur,
On vous surprit, la nuit, en course ténébreuse.
Attendant aux aguets, à l'ombre, en séducteur...
Si vous avez séduit la pauvre enfant, Sophie,
Voulant la fuir après, corbleu! jeune insensé,
Vous devrez l'épouser, je vous le certifie,
Bon gré, malgré, jeune homme, ou vous serez rossé
Pour la séduction, par moi prenant la verge,

CHANT HUITIÈME.

En noble châtié, demain, sur un tapis ¹...
Il me parle d'amour, de son cœur pur et vierge,
Le fieffé polisson, s'amusant au logis!...
Fi! j'examinerai plus tard votre conduite;
Si je vous trouve en faute, on saura vous punir.
C'est assez pour ce soir. Regagnez votre gîte...
C'est assez de tracas, de soucis... Pour finir,
Je m'en vais me coucher. Appelez-moi Protase,
Qu'il vienne promptement pour me déshabiller. »

Thadée en hâte alors sortit, sans bruit ni phrase,
Et sentit ses pensers dans son cœur s'embrouiller :
Il repassait les mots de l'oncle en sa mémoire,
Grondé si rudement pour la première fois
Les trouvant mérités par sa lâche victoire,
Dont certe il rougissait, affaissé sous son poids.
Si Sophie apprenait... Que dira Télimène

---

¹ Privilége des jeunes gens nobles condamnés au fouet par leurs parents ou par les grands seigneurs qui les avaient à leur service.

Au juge, demandant de sa nièce la main?..,
Non! il ne peut rester, il doit fuir le domaine
Où sa faute assombrit l'espoir sans lendemain...

Absorbé dans ses pensées, au bout de quelques pas il se vit barrer le chemin. Il lève les yeux et aperçoit un spectre blanc, svelte, élancé, qui s'avance vers lui en étendant un bras argenté par les rayons tremblants de la lune. A son approche, un soupir étouffé s'échappe de la poitrine de cet être fantastique, qui s'écrie :

« Ingrat!... Tu recherchais naguère mon regard,
Tu le fuis maintenant; tu bouches tes oreilles,
Fais le sourd à ma voix, quand hier, à l'écart,
Tu vantais tout mon être, admirant ses merveilles;
Tu sembles, m'évitant, redouter le poison
Dont je pourrais souiller ta candide et pure âme,
Par mon souffle enivrant... Ah! je sais la raison
De ta répulsion, homme perfide, infâme!...

Oui, je me suis livrée à tes désirs brûlants,
Sans étaler en vain des remords, des scrupules,
Et tu payes ma honte en dédains insolents,
D'un triomphe facile !... A présent tu calcules
Que l'oubli du devoir ne vaut que le mépris ;
Moi-même à ma vertu j'attache un faible prix !...

« — De grâce, Télimène, écoutez, dit Thadée,
Les conseils d'un ami : l'on nous voit, nous entend...
Tout entier au bonheur de t'avoir possédée,
Je ne puis dévoiler mon succès éclatant.
Par respect pour le monde, évitons le scandale ;
A quoi bon publier ce qu'on nomme un péché ?...

« — Regardez l'innocent qui prêche la morale,
De son cœur en public veut faire bon marché !...
Lui répond Télimène avec un froid sourire :
Moi, frêle et pauvre femme, en proie à mon amour,
Je suis indifférente à ce qu'on en peut dire,

Et mon amant a peur d'étaler au grand jour

Le doux plaisir qu'il eut de vaincre ma faiblesse!...

Dis-moi la vérité! Pourquoi ces vains propos?

Un homme a-t-il grand tort d'avoir une maîtresse?...

Ah! tu veux me fuir, traître!... » Elle éclate en sanglot

« — Télimène, reprit Thadée avec instance,

Je ne saurais ainsi braver l'opinion;

Je dois certe, étant jeune et de bonne naissance,

De mon sang au pays la contribution.

Quand des gens, mariés et pères de famille,

S'enrôlent en Pologne aux rangs des défenseurs

De notre indépendance et quittent femme et fille,

Pourrais-je de l'amour savourer les douceurs,

Enfreignant l'ordre écrit de la main de mon père,

Confirmé par mon oncle au gré du testament?...

En tout honneur, peux-tu me l'ordonner, ma chère?

Je pars demain sans faute, irrévocablement.

« — Dieu garde d'empêcher, dit alors Télimène,

Tes désirs inquiets de gloire et de bonheur;

Tu trouveras ailleurs quelque aimable sirène,

Et plus riche et plus belle, et digne de ton cœur...

Avant de nous quitter, dis-moi, je t'en supplie,

Que pour moi ton amour fut grave et sérieux,

Non un caprice en l'air, frivole, et qu'on oublie ;

Répète-moi, mon cher, en de tendres aveux,

Que tu m'aimes... Puissé-je entendre de ta bouche

Ce doux mot ineffable, au fond du cœur gravé,

Souvenir précieux... Qu'il m'émeuve et me touche,

Retraçant ton image à l'esprit captivé...

Je te pardonnerai même ton inconstance,

Me rappelant toujours ta grande passion... »

Elle se tut, versant des pleurs en abondance.

Thadée, envisageant sa grande affliction

Et l'innocuité de sa vive prière,

Sentit son cœur novice ému par sa douleur,

Et ne sachant au fond, voulant être sincère,
Si toujours il l'aimait dans sa pure candeur,
Répondit aussitôt : « Ma chère Télimène,
Je veux être à l'instant foudroyé si je mens :
L'amour m'unit à toi d'une attrayante chaîne ;
Nous passâmes de courts, d'ineffables moments,
Que j'ai jusqu'à ce jour bénis dans ma mémoire,
Et que je n'oublîrai, je le jure, jamais !...

«—Tu m'as rendu la vie, et je veux bien te croire,
S'écria Télimène, inclinant ses beaux traits
Sur le front de Thadée ; oh ! je me sens renaître
A l'espoir, au bonheur, et ne veux plus mourir,
Comme c'était mon plan... Mais alors, mon doux maîtr
A quoi bon nous quitter ?... Si tu veux me chérir,
Je te livre mon cœur, mon être et ma fortune ;
Je te suivrai partout !... Tout coin, en vérité,
Me sera cher dans notre existence commune,
Embelli par l'amour et la félicité !... »

Thadée, en écartant d'une brusque manière
Les bras de Télimène, ajouta vivement :
« Suivre un simple soldat, comme une vivandière !
Cela n'a pas de sens, c'est absurde vraiment!...
— Marions-nous alors!... répliqua Télimène.
— Non, jamais!... reprit-il, je n'en ai nul désir ;
Il faut nous séparer... je le fais avec peine ;
Mais certes je ne puis enchaîner l'avenir.
Sois raisonnable ! crois à ma reconnaissance,
Mais cesse d'exiger que j'engage ma foi.
Quittons-nous résignés, en gardant l'espérance
De nous revoir un jour... Ma chère ! calme-toi... »

Enfonçant son chapeau, puis détournant la tête,
Il cherche à fuir en vain. Du geste et du regard,
Télimène le fixe interdit, et l'arrête,
Le perçant d'outre en outre avec son œil hagard.
Il la voit immobile, et sans souffle et sans vie,
Pâle, étendant le bras comme un glaive vengeur

Sur lui, le menaçant, et, de rage assouvie,
Elle dit, se couvrant tout à coup de rougeur :

« Je t'y prends, cœur parjure et langue de vipère !
J'ai donc sacrifié ma réputation,
Fui le comte, éloigné notaire et commissaire,
Immolant ma vertu rien qu'à ma passion
Pour l'amant qui me nargue après m'avoir séduite,
Et veut m'abandonner, me prêchant le devoir !...
Je savais que tout homme en amour croit licite
De trahir son amante, ose s'en prévaloir ;
Je ne soupçonnais pas pourtant ta perfidie
Et ton lâche mensonge !... Ah ! je sais ton secret :
A Sophie à présent offrant ta main hardie,
Tu changes en amour et de culte et d'objet ;
A peine as-tu trompé ta maîtresse crédule,
Tu poursuis une enfant, victime de ton jeu ;
Redoute ma vengeance, homme vil, sans scrupule ;
Je saurai te punir et t'atteindre en tout lieu,

Dévoilant ta noirceur, ta lâche convoitise...
Tu n'en tromperas plus d'autres, bas séducteur !
Cela m'est égal : reste ou fuis... Je te méprise,
Infâme scélérat !... Tu n'es qu'un plat menteur !...»

Thadée, en étouffant de rage à cette injure
Qu'au fils de Sopliça nul n'eût lancée en vain,
Morne, pâle et hagard, frémit, tremble, murmure,
S'écrie avec fureur : « Vous êtes folle en plein !... »
Puis il s'éloigne, il court... mais l'insulte terrible
Retentit dans son cœur, sachant qu'il a forfait
A l'honneur, au devoir, portant un coup sensible,
Mortel à sa maîtresse, et commis un méfait.
Télimène avait droit et raison de se plaindre,
Ses reproches sanglants, attristant les adieux,
La faisaient seulement plus haïr et plus craindre ;
Rendant son souvenir triplement odieux...
Il n'ose plus rêver à la jeune Sophie,
Prodige de candeur, et de grâce, et d'attraits.

Elle eût fait, l'épousant, le charme de sa vie,
Agréé par son oncle en comblant ses souhaits,
S'il n'avait pas commis, tombant de faute en crime
Par un lâche mensonge, une vile action !...
Deux jours avaient suffi pour rouler dans l'abîme
Et gâter son bonheur... Juste punition !...

Le souvenir du duel lui revient en mémoire ; il s'y attache comme à une ancre de salut. « Mourir, s'écrie-t-il, ou me venger !... » Mais de quoi ?... Il n'en sait rien. Sa fureur, allumée en un instant, s'éteint tout aussi vite pour faire place à une douleur profonde...

Le comte, comme il a cru le voir, est peut-être d'accord avec Sophie ; ils se plaisent peut-être mutuellement et pourront s'unir par un mariage ?... Désolante idée !... Et de quel droit l'empêcherait-il ? Malheureux lui-même, a-t-il le droit de faire le malheur des autres ? Il se désespère, et ne voit de salut que dans la fuite ou plutôt dans la mort...

L'esprit égaré, il court dans la prairie où se déroulent les deux étangs ; il s'arrête sur le bord de l'un, à fond marécageux. Il plonge ses regards inquiets dans le gouffre verdâtre, il aspire avec une joie féroce les émanations qui s'en échappent. Il ouvre la bouche, les hume avec volupté. Dans son vertige, il ressent une envie irrésistible de se noyer dans l'étang...

Télimène, voyant le sombre désespoir
De son amant, eut peur d'une action fatale,
Et le suivit au lac servant de réservoir,
Devinant par instinct son idée infernale.
Malgré tous ses griefs et l'irritation
De se voir délaissée ainsi par le perfide,
Elle court empêcher sa résolution
Et l'enlever, quand même, à l'affreux suicide.
S'élançant après lui, pâle et blême d'effroi,
Elle crie : « Arrêtez ! Grand Dieu !... Pas de folie !.
Demeurez ou partez ; ne pensez plus à moi,
Mariez-vous, aimez une autre plus jolie ;

Mais, de grâce, arrêtez!... » Déjà Thadée allait
Se jeter dans le lac...

Par un hasard étrange,
Le comte, au même bord, à cheval apparaît,
Suivi de ses jockeys formant une phalange.
Ravi par les attraits d'une si belle nuit,
Les sons harmonieux de l'orchestre aquatique,
Dont les chœurs répondaient en cadence au doux bruit
De la harpe d'Éole, à l'accord fantastique,
Il retint son coursier, oubliant ses projets,
Écoutant, attentif, la divine harmonie,
Examinant le ciel, les étangs, les guérets,
Sous l'empire d'un rêve excitant sa manie,
Enivrant son esprit de ses brillants reflets...

La nature, vraiment, était calme, attrayante !
Pareils à des amants, les deux étangs voisins

Inclinaient l'un vers l'autre une face éclatante,

Entremêlant les eaux des deux luisants bassins.

L'un, au miroir uni, d'une onde claire et pure,

Semblait une fillette au doux et chaste aspect;

L'autre, plus sombre, un homme à la mâle tournure,

A la barbe virile inspirant le respect;

Le sable d'or de l'un formait la chevelure,

Le front de l'autre était hérissé de roseaux;

Tous les deux, ombragés d'une fraîche verdure

Où, chantant leurs amours, gazouillaient des oiseaux.

S'échappant des étangs, on voyait deux ruisseaux

Réunir leurs flots bleus dans la verte prairie,

Se tenir par la main, pour rouler au ravin,

Se fondre, sans se perdre en leur folâtrerie,

Éclairés par la lune au grand disque serein,

Et réfléchir dans l'eau des gerbes de lumière

Qui se brise en éclairs sur le flot fugitif.

L'onde, tombant en nappe, entraîne et réverbère

Les rayons lumineux d'un éclat attractif,
Par d'autres remplacés émanant de la lune.
Une Willi [1] paraît assise au bord du lac,
Versant de son amphore, avec l'eau, sa fortune
Et son or enchantés, puisés au fond d'un sac.

Le ruisseau, débouchant du ravin dans la plaine,
S'apaise et se déroule en ruban argenté,
Dont la surface a l'air de se mouvoir à peine,
Au reflet scintillant de Diane en beauté.
Comme le serpent gris, couché dans la bruyère
Et paraissant dormir en son calme maintien,
Mais qui bouge en rampant, reflétant la lumière
Tour à tour blanche et d'or, et se perd, le vaurien,
Entre mousse et bardane ; ainsi l'onde limpide
Glisse au milieu des ifs et des aunes touffus,

---

[1] Une fée du lac, lithuanienne.

Ombrageant l'horizon de leur feuillage humide
Et dressant leurs sommets en fantômes herbus,
Invisibles à l'œil et plongés dans la nue.

Entre les deux étangs, sur le bord du fossé,
Est un moulin caché, vieux tuteur, dont la vue
Épie en tapinois le murmure empressé
Et bavard des amants. Écoutant leurs paroles,
Il se fâche, secoue, agite tête et bras,
Bougonnant avec rage, et levant les épaules ;
Ridant son front moussu, roulant de haut en bas,
Il fait claquer ses dents à mordre toujours prêtes,
Relève ses gros poings, les baisse tour à tour,
Furieux, battant l'eau de ses rudes palettes...
En réveillant le comte, il fit taire l'amour...

A l'aspect de Thadée approchant de sa troupe,
Le comte s'écria : « Saisissez l'espion ! »

Les jockeys l'ont bientôt empoigné dans leur groupe,
Avant qu'il n'eût le temps de parer l'action,
Et le font prisonnier. Puis la bande joyeuse,
Envahissant la cour, prend d'assaut la maison.
Le monde, réveillé par l'attaque odieuse,
Déconcerté, surpris, n'en sait pas la raison ;
Les chiens hurlent, flairant ; les gardiens vocifèrent ;
Le bon juge, en chemise, accourt sur le perron ;
Voyant des gens armés qui vivement le serrent,
Il les croit des brigands, invoque son patron.
Reconnaissant le comte, il jure et l'interpelle...
Celui-ci, menaçant, fond sur lui, glaive en main ;
Mais, le voyant sans arme, il s'arrête en son zèle,
Et lui dit : « Sopliça ! Vous tenez mon terrain
Par ruse et trahison ; je le reprends par force,
Certe avant de venger mon honneur insulté. »

« Vive Dieu ! dit le juge, en roidissant son torse ;
Êtes-vous un bandit sans foi ni probité ?

Est-ce d'accord, sieur comte, avec votre naissance,
Vos liens au pays, votre éducation,
Vos nobles souvenirs et votre conscience?...
Je saurai résister à votre invasion ! »

Les serviteurs, voulant reprendre leur revanche,
Accouraient, mal armés de fusils, de bâtons ;
Wojski fixait de loin le comte, ayant sous manche
Un couteau préparé ; ferme sur ses talons,
Le juge s'interpose au combat qui s'engage,
Voyant des ennemis s'accumuler les rangs.
Un coup de fusil part non loin, dans le bocage ;
Sous le poids des chevaux vibrent les ponts branlants,
On entend mille voix répéter dans l'ivresse :
« Sus contre Sopliça ! » Le juge, plein d'horreur,
De Gervais reconnaît la trame vengeresse.
Le comte crie alors : « Écoutez la rumeur
Du renfort qui survient, et mettez bas les armes,.. »

« Je vous arrête au nom de l'illustre Empereur,
Reprend le commissaire. Auteur de ces alarmes,
Vous avez violé la loi nommant voleur
Le coupable assaillant par force, à main armée ;
Je m'en vais à mon aide appeler les soldats. »
Le comte le punit de l'injure exprimée,
Et le frappe au visage, en étendant le bras.
Le pauvre homme trébuche et roule dans l'ortie,
On le crut un instant ou mort ou bien blessé.

« Vous êtes par abus maître de la partie,
Dit le juge irrité, spoliateur pressé... »
Sophie, en l'étreignant, pleure et gémit, pareille
A l'enfant dont les juifs martyrisent le flanc
Avec leurs dards aigus, piquant sa peau vermeille
Pour pétrir leurs gâteaux, altérés de son sang [1].

---

[1] Préjugé répandu en Orient et en Pologne, que les juifs ont besoin de sang chrétien pour préparer leurs gâteaux de Pâques.

Télimène, éperdue, écartant tout le monde,
Se jette aux pieds du comte et l'implore à genoux,
Invoquant sa pitié, suppliant à la ronde :
« Monsieur, sur votre honneur, de grâce, épargnez-nous,
Dit-elle en ramenant sa brune chevelure
Déroulée en anneaux flottant au gré du vent ;
Ne laissez pas ternir votre noble nature
Par l'opprobre... ou sinon, égorgez-nous avant ! »
Elle s'affaisse à terre...

    Ému par cette scène,
Et sautant de cheval pour lui prêter secours,
Le comte répliqua : « Madame Télimène,
Innocente Sophie ! onc ma vie en son cours
Ne se souilla du sang d'une pure victime !
Relevez-vous sans peur... Quant à lui, Soplica,
Il est mon prisonnier de guerre légitime,
En réparation des torts qu'il m'infligea. »

✩

Par bonheur pour Soplica, le comte, mieux monté que ses gentilshommes, les avait devancés d'une lieue au moins avec ses jockeys ; ceux-ci, obéissants et disciplinés, formaient, pour ainsi dire, une troupe régulière, tandis que les gentilshommes étaient des miliciens turbulents, toujours prêts à pendre et à piller.

L'ardeur et la colère du comte eurent le temps de se refroidir ; il songea au moyen de terminer la lutte sans effusion de sang, et ordonna d'enfermer dans la maison Soplica avec sa famille et ses amis comme prisonniers de guerre, faisant placer des sentinelles à la porte pour plus de sûreté.

La masse des guerriers, arrivant en arrière,
Remplit cour et jardin, assaillit le manoir
Du seigneur désarmé ; la troupe aventurière
Voulant piller, se battre et se faire valoir,
Cherche partout les gens débandés, mis en fuite ;
La maison étant close, ils ouvrent les communs,
L'office et la cuisine, où, trouvant la marmite
Encor tiède, exhalant de savoureux parfums,

Casseroles et pots, près de la flamme éteinte,
Provisions de bouche et reliefs succulents,
Des chiens rongeant les os, et des flacons d'absinthe,
Saisis par l'estomac, les nobles turbulents,
Oubliant leurs instincts de mort et de carnage,
Fatigués de la marche, apaisés dans leur rage,
Répètent en deux chœurs sonores et tonnants,
Les uns : « Vite à manger ! » les autres : « Vite à boire ! »
Leurs éclats font vibrer les échos résonnants,
Rallument l'appétit et la soif vexatoire.
A ces cris, pour trouver vite à boire, à manger,
La foule se disperse et s'en va fourrager.

Gervais, ne pouvant assouvir sa vengeance sur le juge, par égard pour les sentinelles placées par l'ordre du comte à la porte de la maison, songe à établir celui-ci légalement et formellement dans sa nouvelle possession. Il cherche, à cet effet, l'huissier et, le découvrant derrière un poêle, le saisit au collet, l'entraîne dans la cour, et, lui appuyant sur la poitrine la pointe de son canif :

— Monsieur l'huissier, dit-il, le comte vous prie de vouloir bien proclamer à l'instant, en présence de tous les gentilshommes, mes frères ici présents, sa prise de possession du château, de la maison de Sopliça, du village, des terres tant ensemencées qu'en friche, *cum forestis, fluminibus, kmetonibus*[1] *ac scultetis*, en un mot : *cum omnibus rebus et quibusdam aliis*. Aboie tout cela comme tu as appris à le faire, et garde-toi bien d'omettre une seule formule !

— Monsieur le porte-clefs, répond Protaze avec courage et passant les mains dans sa ceinture, je suis prêt à obéir à vos ordres, mais je vous préviens que cet acte n'aura nulle valeur s'il est proclamé nuitamment et par violence.

— Il n'y a pas ici de violence, dit Gervais, je vous le demande bien poliment ; si vous n'y voyez pas clair, je m'en vais vous battre le briquet avec mon canif qui vous fera voir mille étoiles.

— Mon cher Gervais, ajouta l'huissier, pourquoi vous fâcher ? Simple huissier, il ne m'appartient pas de décider l'affaire ; je ne fais que la proclamer. Je suis le représentant de la loi et, comme tel, à l'abri de vos violences. Pourquoi me gardez-vous à vue ? Donnez-moi une lanterne, je vais écrire la proclamation. Frères gentilshommes, silence !...

[1] Mot polonais latinisé et signifiant *serfs*.

Pour se faire mieux entendre, il monta sur un tas de poutres déposées près de la haie du verger, et disparut subitement, comme s'il eût été emporté par le vent. On l'entendit tomber au milieu des choux, on le vit entrer dans les chanvres où l'on aperçut son bonnet blanc qui les traversait comme un pigeon au blanc plumage. Cruchon tira sur le bonnet, mais il le manqua. Alors on entendit le froissement des échalas ; Protaze était déjà dans le houblon.

— Je proteste !... s'écria-t-il, étant sûr de se sauver, car derrière lui s'étendaient les roseaux et les marécages de la rivière.

✿

Protaze, ayant lancé sa protestation,
Comme le dard du Parthe, en la place conquise,
S'enfuit ; ainsi cessa toute opposition
Au pouvoir établi par contrainte et surprise.
La cohue affamée enlève, pille et prend
Tout ce qu'elle aperçoit. Goupillon, à l'étable,
De sa massue assomme un grand taureau flamand ;
Rasoir contre les veaux se démène en vrai diable ;

Alène de son glaive embroche les cochons.
Le carnage plus loin menaçait la volaille :
Les oiseaux vigilants qui, par leurs carillons,
Sauvèrent jadis Rome, annonçant la bataille
Et l'assaut vigoureux des Gaulois ennemis,
Appellent vainement au secours à grands cris ;
Au lieu de Manlius, s'évertue à la ferme
Le féroce Cruchon, les attachant vivants,
Autour de sa ceinture où, suspendus, tremblants,
Ils agitent leurs cous ; les gros jars tiennent ferme,
Et pincent l'agresseur en sifflant, mais en vain ;
Celui-ci part, nanti d'oiseaux à l'agonie,
Couvert d'un blanc duvet, orgueilleux et hautain,
Paraissant déployer les ailes d'un génie....

De même au poulailler le carnage est sanglant.
Sak, armé d'un crochet, attire à lui les poules,
Les étrangle, impassible, avec un nœud coulant,
Et les jette en un tas, comme de simples boules.

CHANT HUITIÈME. 87

Coqs pattus et huppés, et volaille de choix
Ne sont guère épargnés ; le sot les sacrific
A sa faim, à sa rage. Insensé villageois !
Il perd ainsi le cœur irrité de Sophie,
Qui n'oubliera jamais le massacre inhumain
De ses oiseaux, nourris de bel orge, à la main.

Les gaillards altérés, s'aidant de leurs ceintures,
Retirent de la cave, en beuglant, des tonneaux
D'hydromel et de vin, coulant des ouvertures
Aux gosiers desséchés des avides ribauds.
Ils roulent d'autres fûts au castel en ruines,
Où le comte établit son quartier général,
Et traînent fièrement le fruit de leurs rapines,
Imitant des fourmis l'entrain tout spécial.
On allume des feux, on cuit, rôtit et grille ;
Les plats sont surchargés ; l'hydromel coule à flots,
Les nobles avinés vont passer en famille
La nuit à chanter, boire et manger leurs fricots ;

Mais bientôt, fatigués, tombant de lassitude,
Ils bâillent, s'étirant, puis ils ferment les yeux,
Et rêvent au butin dans leur béatitude..
Chacun dort à l'endroit qu'il occupait, joyeux,
L'un tenant mets en main, l'autre près d'une cruche,
Quand le sommeil les prit et fit taire la ruche.

CHANT NEUVIÈME

CHANT NEUVIÈME

LA BATAILLE.

Assoupis par l'ivresse, ils dormaient, insensibles
A l'approche d'intrus qui, lanternes en main,
S'élancèrent sur eux, féroces et terribles,
Comme sur moucherons des faucheux ayant faim ;
L'araignée enveloppe, étouffant de ses pattes
La pauvre mouche osant bourdonner, prise aux fils ;
Mais les nobles ronflant, enivrés, écarlates,
Ne poussèrent nul cri, pris en liens subtils,

Bien que saisis, noués comme gerbes qu'on lie,
Ne donnant, quasi morts, pas un signe de vie.

Seul, Cruchon, dont la tête était forte aux banquets
Et connue, à ce titre, en tous les cabarets,
Cruchon, pouvant vider un litre d'eau-de-vie,
Sans que sa langue fourche et sa marche dévie,
Lutte avec le sommeil, se réveille à moitié,
Et voit, l'œil entr'ouvert, un spectre délié,
Puis un autre penché, deux horribles visages!
Dont l'haleine le souille, exhalant des outrages,
Et le poil hérissé frôle et touche son front.
Il sent quatre forts bras qui l'entourent en rond...
Effrayé, de la croix il veut faire le signe;
Impossible!... Il ne peut soulever d'une ligne
Sa droite qu'on dirait clouée à son côté,
Et la gauche est captive; il semble emmaillotté
Étroitement, pareil à l'enfant dans ses langes.
Il referme l'œil, pris de visions étranges,
Et, glacé d'épouvante, il se sent défaillir.

Goupillon, qui se vit en sursaut assaillir,
Aussitôt garrotté dans sa propre ceinture,
Par un suprême effort de sa forte carrure,
Se roidit avec force, et roule en regimbant
Sur le dos des voisins, qu'il réveille en tombant;
Il s'agite et bondit comme un brochet sur terre,
Hurlant, à pleins poumons, de sa voix de tonnerre :
« Frères! livrés, trahis!... Nous sommes en prison!... »
Tous répondent en chœur : « Malheur et trahison!... »

L'écho lugubre arrive à la salle des glaces,
Où le comte et Gervais, jockeys et gardes-chasses
Reposaient endormis. Gervais résiste en vain;
Il est pris, garrotté, son glaive encore en main,
Et voit des gens armés, casque en tête, uniforme
D'un vert sombre, entourant leur chef en masse énorme,
Qui, levant son épée, ordonne : « Empoignez-les! »

Les jockeys, à leur tour saisis et ficelés,
Pareils à des moutons, sont couchés sur la paille.
Le comte, désarmé comme sa valetaille,
Mais libre et sans liens, est surveillé de près
Par deux soldats geôliers, à l'embrocher tout prêts.

Gervais a reconnu la troupe moscovite,
Et cherche les moyens de salut dans la fuite.
Mainte fois, se trouvant dans un pareil danger,
Il était parvenu vite à se dégager,
Sachant rompre sa chaîne et briser ses entraves,
Se fiant à sa force aux moments les plus graves.
Il étend lentement ses jambes et ses bras,
Paraissant sommeiller, pris de fatigue et las;
Il retient son haleine et fait rentrer son ventre
Et sa poitrine en creux, ramenant tout au centre,
Puis tout à coup se courbe en arc et se roidit,
De mince et long, se fait trapu, gros et petit,
Comme un serpent qui roule en anneaux tête et queue.

Les liens, s'étendant sur sa peau toute bleue,
S'allongent, il est vrai, mais ne se brisent pas.
Le porte-clefs alors, attendant le trépas,
Ferme ses yeux rougis et baisse la figure,
Immobile et rageant de sa mésaventure.

Les tambours se font entendre. Leur roulement, lent d'abord, devient de plus en plus vif et retentissant. A cet appel, l'officier russe fait enfermer le comte et les jockeys dans le château, sous la garde de sentinelles, et conduire les gentilshommes dans la maison occupée par la seconde compagnie. Parmi les prisonniers, Goupillon était le plus turbulent.

L'état-major se trouvait au manoir; il y avait aussi beaucoup de voisins armés, tous parents ou amis du juge, qui, ayant appris l'envahissement de ses domaines, étaient accourus à son secours. Ils étaient tous de vieux ennemis des Dobrzynski.

Qui donc était allé quérir dans les villages voisins le bataillon des Russes? Qui donc avait rassemblé avec tant de promptitude les gentilshommes des bourgades d'alentour?

Était-ce le commissaire de police? ou bien était-ce Yankiel?
Les opinions sont partagées, mais on n'a jamais pu le savoir
avec certitude.

※

Le disque du soleil paraît, rouge et sanglant,
Montrant une moitié pourpre, opaque, et voilant
L'autre sous un rideau de ténébreux nuages :
Fer à cheval rougi s'élevant des bocages...
Un vent d'est violent sifflait dans les buissons,
Chassant au ciel la nue effondrée en glaçons;
Ils jettent en passant averse ou fine pluie,
Que sur terre aussitôt la forte brise essuie;
Puis un nouveau nuage arrive, aqueux, tout droit,
Formant, à tour de rôle, un air humide et froid.

Le chef fit apporter des soliveaux pour bondes,
Y fit faire à la hache entailles demi-rondes

Pour y placer les pieds des pauvres prisonniers,
Ayant la jambe prise entre deux madriers
L'un à l'autre fixés par de fortes chevilles,
Imitant crocs de chiens, aigus comme des vrilles.
On attache leurs bras liés ensemble au dos;
Le major [1] leur enlève habits, bonnets, manteaux;
A leurs poutres cloués, il les laisse en chemise,
Exposés à l'ondée, au souffle de la bise
Qui sévit toujours plus, transis, grinçant des dents.
Goupillon se démène entre les plus ardents...,
Gardant son énergie en des tourments atroces,
Et meurtri par les coups des surveillants féroces.

Le juge et ses amis s'adressent aux vainqueurs;
Sophie et Télimène implorent leurs bons cœurs,
Pour adoucir le sort de ces pauvres victimes,
En larmes exposant leurs plaintes légitimes.

---

[1] Grade dans l'armée russe, correspondant à celui de chef de bataillon en France.

Le sous-chef, bien que Russe, homme brave et clément,
Capitaine Rykow, séduit assurément
Par les pleurs du beau sexe, eût accordé leur grâce;
Mais il doit obéir au commandant rapace.

Celui-ci, le major Plut[1], était d'origine polonaise et s'appelait jadis Plutowicz; mais il avait changé de nom. C'était un sacripant comme tous les Polonais qui se russifient au service du Tsar. Il se tenait devant les rangs de ses soldats, la pipe à la bouche, les poings appuyés sur les hanches, relevait la tête d'un air de mépris, quand on le saluait, et envoyait pour toute réponse, en signe de mauvaise humeur, une bouffée de fumée au visage. Il rentra dans la maison.

En attendant, le juge était parvenu à amadouer le capitaine Rykow et le commissaire de police, qu'il avait pris à l'écart, pour se concerter à trois sur les moyens de terminer l'affaire sans jugement, et surtout sans que le gouvernement s'en mêlât.

Rykow disait au commandant:

[1] Prononcez: *Ploute*.

« Monsieur le commandant, ces pauvres prisonniers
Ne rehausseront pas nos exploits, nos lauriers ;
Livrant aux tribunaux ces nobles en ivresse,
Nous causerons, pour sûr, leur ruine et détresse,
Sans nul profit pour nous. Ne serait-il pas mieux
D'étouffer sagement l'affaire sur les lieux,
Moyennant récompense offerte à notre peine?. .
Disons être en tournée et prélevons l'aubaine,
Laissant chevrette intacte et loup rassasié,
Comme dit un dicton au bon sens allié.
Je pourrais vous citer des proverbes en masse :
« On peut tout faire avec la prudence et l'audace; »
« Il faut rôtir sa poule à la broche du Tsar; »
« Bon accord est meilleur que dispute au bazar; »
« Le nœud bien fait, jetons les bouts à la rivière. »
Mais le vrai dicton russe, exactement sincère,
Dit crûment et sans fard : « Dieu nous donna la main
» Pour prendre et retenir les écus du prochain. »
Ne faisons nul rapport et gardons le mystère. »

A ces mots, le major répondit en colère :
« Vous êtes fou, Rykow! Donner la liberté
Aux rebelles en guerre avec l'autorité!...
Pas d'amitié qui tienne, en étant au service
Du Tsar qui sait punir. Envoyons au supplice
Messieurs les Polonais qui veulent s'insurger;
Je rétablirai l'ordre et saurai me venger.
Les gueux, dit-il riant à gorge déployée,
Peuvent croupir dans l'eau, la face avariée;
Mais j'en vois un ayant gardé son vêtement...
Qu'on l'enlève au plus tôt, qu'on l'ôte prestement.
Ce gredin, l'an passé, m'a fait une querelle,
Criant, le monstre, au bal, de sa voix de crécelle,
En me montrant du doigt : « Hors d'ici le voleur! »
Car j'étais accusé d'être le recéleur
D'un argent pris en caisse au trésor militaire.
C'était pour moi vraiment une méchante affaire;
Mais avait-il le droit de me la reprocher
A la danse, en public... et de me décocher
Des mots injurieux : « Vilain fripon qui vole! »

Répétés par la foule : « A la porte le drôle!... »
Ils m'ont tous offensé, je les tiens maintenant;
Je leur avais bien dit : « Je puis être gênant! »
Le moment est venu : nonobstant leurs prières,
Tous les sieurs Dobrzynski auront les étrivières! »

Se penchant à l'oreille, au juge il dit tout bas :
« Désirant que cela ne se divulgue pas,
Donnez-moi sur-le-champ mille roubles par tête,
Je lâche alors les gens et cesse toute enquête;
Tel est mon dernier prix, pas un kopeck de moins. »
Le juge, l'attirant pour causer sans témoins,
Demandait un rabais; mais le major tenace
Ne voulait en démordre; arpentant la terrasse,
Il fumait sa chibouque et grondait, furieux.
Les dames le suivaient, les larmes dans les yeux.

« A quoi bon? dans quel but publier la querelle?
Dit le juge au major; nul de nous n'est rebelle;

Pas de sang répandu, de mort à déplorer,
Hors au poulailler seul. Je puis vous assurer
Que le délit mérite à peine réprimande;
Pour les dégâts commis, ils payeront l'amende,
D'après notre statut [1]. Point de crime d'État;
Simple brouille entre amis. Rien à faire au Sénat!»

« Vous ignorez, dit l'autre, un certain livre *jaune*[2]?...
— Quel livre? dit le juge. — Un défenseur du trône
Qui vaut tous vos statuts, prescrivant corde ou knout,
Au moins la Sibérie, et nul délit n'absout :
Loi terrible en vigueur dans la Lithuanie,
Qui juge sans appel forfaits et félonie,
Et punit, en dehors de tous vos tribunaux,
Une telle escapade en frappant ses héros...

---

[1] Corps de lois régissant jadis la Lithuanie.

[2] Ainsi appelé à cause de sa couverture, et contenant la loi martiale des Russes.

CHANT NEUVIÈME.

—Mais c'est, reprit le juge, une affreuse injustice,
Et je vais, de ce pas, me plaindre au gouverneur[1]. »

Le major répondit, riant avec malice :
« Appelez-en plutôt au divin Empereur,
Qui daigne, en sa bonté, doubler souvent la peine...
Que diable! n'ayez pas la mine aussi hautaine;
Monseigneur, à bien voir, oui, sauf votre respect,
Vous pouvez être aussi facilement suspect.
Un espion, Yankiel, habite votre terre;
De sa vile action vous êtes solidaire;
Je puis vous arrêter, vous trouvant criminel.
—Comment! moi?... C'est trop fort! Sans un ordre formel?»
Dit le juge en courroux; mais prudemment il file,
Voyant un nouvel hôte entrer au domicile.

En tête du cortége avançait, en coureur,
Un énorme bélier, répandant la terreur

---

[1] Titre du chef de la province.

Par ses cornes, dont deux en anses de corbeilles,
A clochettes vibrant, contournaient ses oreilles ;
Les autres, se dressant, soutenaient, au sommet,
Une boule sonore en cuivre, au vif caquet ;
Suivaient tout un troupeau de bœufs, brebis et vaches,
Et chars de blé chargés, précédant deux pataches.
Dans l'une était assis Robak, frère quêteur.
Aussitôt reconnu, le grand agitateur,
Voyant les prisonniers, du doigt leur fit un signe.
Dans l'autre, en paysan, Mathias, sévère et digne,
S'entendant appeler, menaça les crieurs,
Imposant le silence aux imprudents parleurs.
Le Prussien, sur un char, recouvrait sa figure ;
Zan et deux Mickiewicz escortaient la voiture.
Le bon juge accourut saluer les voisins,
Devinant dans leurs cœurs d'audacieux desseins.

Les gentilshommes arrivés, hostiles à ceux de Dobrzyn, voyant ceux-ci si durement traités, avaient senti leurs anciennes haines se refroidir peu à peu ; car la noblesse polonaise, bien que turbulente et prompte à se battre, n'est pas vindicative. Ils courent donc vers le vieux Mathias pour lui demander conseil. Il les range autour des chariots et leur ordonne d'attendre.

Le bernardin entre dans la chambre. On avait peine à le reconnaître, bien qu'il fût dans son costume habituel, tant son air était changé. Ordinairement triste et pensif, il portait maintenant la tête haute, et son visage paraissait radieux ; avant que de parler, il se mit à rire aux éclats, comme un jovial frère quêteur.

« Messieurs les officiers, la chasse est fort brillante,
S'écria-t-il enfin, et la proie excellente !
D'autres chassent le jour, vous la nuit, mes seigneurs !
Je vois votre gibier : gentillâtres rageurs,
Qu'il faut battre et plumer, pour les tenir en laisse.
J'admire votre flair, major, et votre adresse,
D'avoir saisi le comte. Un bon coup de filet !

Ne le relâchez pas sans avoir un billet
D'au moins trois cents ducats... Riche et d'humeur badi
Il peut payer bien cher sa peau noble et si fine.
Quand vous les palperez, donnez de grâce un brin,
Messire, à mon couvent, au pauvre bernardin.
J'obtiendrai du bon Dieu le salut de votre âme,
Et d'éloigner le jour de la mort, qui réclame
Même les officiers, les chefs supérieurs.
Un *vieux*[1] l'a dit : « Partout elle a ses pourvoyeurs,
Sous la bure et sous l'or, dans les camps, sur le trône ;
Elle abat les puissants, atteint vierge et matrone,
Et frappe sur le drap comme sur le torchon,
Sur le casque aussi fort que sur le capuchon ;
La terrible mégère, attentive, reluque
Les gens en uniforme aussi bien qu'en perruque,
Étouffe sur le sein le nourrisson braillard,
Sans épargner les jours du bon vivant paillard.

---

[1] Baka, poëte polonais du dix-septième siècle.

Elle vous fait pleurer, quand elle vous embrasse;
Son sourire est moqueur et son baiser de glace.
Certe, en vie aujourd'hui, nous serons morts demain.
Buvons donc, commandant, mangeons à notre faim;
Jouissons des plaisirs mis à notre portée,
De la joie en passant, hélas! vite emportée;
Seigneur amphitryon, offrez-nous un bon plat
Et du vin pour fêter le brillant résultat.
Trinquons et festinons, major et capitaine!
A table! c'est l'instant de s'emplir la bedaine!
— C'est bien dit, révérend! reprit un officier :
A la santé du juge! Au seuil hospitalier!... »

Tous regardaient Robak avec surprise, et se demandaient d'où lui venaient son air satisfait et une telle gaieté. Le juge donna aussitôt ses ordres au cuisinier; on apporta un bol, du sucre, des bouteilles et des zrazy [1].

---

[1] Plat de viande polonais.

Plut et Rykow se mirent à manger avec tant de gloutonnerie, à boire avec si peu de mesure, qu'en une demi-heure ils dévorèrent vingt-trois côtelettes hachées, et burent la moitié d'un énorme bol de punch. Rassasié enfin, le major s'étendit joyeusement dans un fauteuil, bourra sa pipe, l'alluma avec un billet du Trésor, et, après avoir essuyé ses moustaches, il dit en se tournant vers les dames avec un sourire :

« Les dames sont pour moi le dessert le plus doux!
Après le déjeuner, un gentil rendez-vous
Me fait perdre bientôt la raison et la tête.
C'est, ma foi, ravissant de faire la conquête,
Par un don de l'amour, d'une fière beauté
Pareille à vous, madame, en amabilité,
Dit-il, en regardant la belle Télimène;
Voulez-vous un brelan? Au jeu soyez ma reine!
Ou bien dansons ensemble un charmant mazurek,
Pourvu que je vous tienne à mon bras, en échec!...

Je suis, au régiment, le premier à la danse,
Et mon cœur, tout épris, de lui-même balance. »
Le major débitait ainsi des compliments,
Lançant de la fumée entre ses arguments.

« Oui, dansons, dit Robak; je finis ma bouteille,
Et, relevant mon froc, je vais faire merveille.
Mais, quand ici, major, nous nous divertissons,
Vos chasseurs sont au froid, pareils à des glaçons.
Le major le permet, cher juge, je vous prie,
Faites-leur apporter un tonneau d'eau-de-vie! »
Au juge il dit tout bas : « Plutôt d'esprit de vin. »
De la sorte, au manoir, l'état-major en train
S'amusait en buvant, et la troupe avinée
Se livrait dans la cour à l'orgie effrénée.

Rykow, sombre et muet, buvait tout en fumant,
Le major en gaîté, sémillant et charmant,

Faisant le joli cœur, s'agite et se démène,
Et prend, voulant danser, la main de Télimène.

« Nikite Iwanowitch[1] ! cessez donc de fumer ;
Jouez sur la guitare un air pour nous charmer,
Dit-il : un mazurek à la vive cadence,
Pour qu'avec ma beauté je puisse ouvrir la danse. »

Lançant à Télimène un regard amoureux,
Le capitaine alors, décrochant la guitare
Pendue au mur, produit des sons mélodieux.
Son chef faisait la cour d'une façon barbare :
« Foi de major, madame, appelez-moi vaurien,
Pas Russe, mais Tatar, si je mens, fils de chien[2] !...
Les vaillants officiers de la deuxième armée
Pourront certifier ma belle renommée,
Et que le major Plut est un des bons danseurs
Du brave régiment trentième des chasseurs,

---

[1] Prénoms à la russe du capitaine Rykow.
[2] Juron russe.

A la division douze d'infanterie,

Du corps numéro trois, soit dit sans vanterie.

Daignez donc m'accepter pour votre cavalier,

Ou je saurai punir en galant chevalier... »

Ce disant, il osa poser sa grosse bouche

Sur la gorge en relief de la beauté farouche.

Au même instant, Thadée indigné, comme un fouet,

Applique au vil soudard un vigoureux soufflet,

Qui, châtiant l'outrage insolent de l'athlète,

Vibre après lui, pareil à l'écho qui répète...

Le major, stupéfait et se frottant les yeux,

Par la colère ému, s'écria, furieux :

« Rébellion ! révolte !... » Et, tirant nu son glaive,

Il bondit sur Thadée, en beuglant : « Plus de trêve !...

Sans quartier !... » Mais le moine exhibe un pistolet

Enfoui sous sa bure, et le tient en arrêt,

Passant l'arme à Thadée, et criant : « Tire et tue
L'infâme ravisseur!... » O malchance imprévue!
Le coup part, sans l'atteindre, effleurant le butor.

Rykow, guitare en main, vient en aide au major;
Mais Wojski le surveille et, derrière une table,
Lance un couteau tranchant, qui frappe, inexorable,
Défonçant l'instrument, et va droit au gaillard.
Celui-ci, l'évitant par un heureux écart,
S'écrie : « A moi, chasseurs! Étouffons la révolte! »
Il recule à l'entrée, en faisant une volte;
Suivi du commandant, à la lutte aguerri,
Dans l'étroit vestibule il cherche un sûr abri.

A l'autre bout, la foule en grand nombre pénètre;
Mathias, la verge en tête, entre par la fenêtre.
Le fier vétéran voit des soldats accourir
Au secours de leur chefs; alors, sans coup férir,
Il se place à la porte, et, comme un chat qui guette,
Attend les assaillants, près du mur en vedette.

A peine trois chasseurs ont-ils passé le seuil,
Qu'il leur fait de sa verge un formidable accueil,
Et porte un coup terrible, effondrant les shakos,
S'abattant sur les bras, refoulant les manchots...
Les Russes alarmés reculent en détresse,
Poursuivis dans la cour par Mathias qui les presse.

Là sévit la bataille, et le tumulte est grand.
Ivre et prise de vin, la troupe se répand,
Pour maintenir les gens fixés à leurs entraves,
Cloués aux madriers, pareils à des esclaves,
Et que les partisans cherchaient à délivrer,
Coupant poutre et liens servant à les serrer.
Les chasseurs, vite armés, vont à la baïonnette,
Perçant les Polonais accablés, en retraite,
Quand Goupillon, ayant ses bras libres enfin,
Ferme son poing énorme, et, soulevant la main,
Porte un si rude coup au dos d'un Moscovite,
Qu'il s'affaisse étourdi. Goupillon en profite

Pour saisir son fusil, qu'il prend la crosse en l'air,
Le faisant voltiger comme un sinistre éclair;
Il abat deux chasseurs, leur fracassant la tête,
Vise le caporal, dans son élan l'arrête,
Et le couche à ses pieds. Les autres, effrayés,
Se retirent en hâte en quête d'alliés.
Il protége en Hercule ainsi de sa massue
Ses frères prisonniers, massacre, écrase et tue.

Les poutres sont séparées, les cordes coupées. Les gentilshommes, devenus libres, se jettent sur les voitures du frère quêteur; ils en tirent des rapières, des sabres, des faux, des fusils. Cruchon y trouve deux gros tromblons à bouche évasée, avec une carnassière remplie de balles. Il en remplit son arme et donne l'autre chargée au jeune Sak.

Les chasseurs arrivent en foule; les rangs se mêlent, on se frappe au hasard; pressés contre leurs ennemis, les Polonais ne peuvent manier leurs sabres, les Russes ne peuvent tirer; ils luttent corps à corps. L'acier frappe l'acier et se brise; la baïonnette sur l'épée, la faux sur la garde des sabres; poing contre poing, bras contre bras.

Rykow, avec une partie des chasseurs, se retire vers l'endroit où les granges touchent à l'enclos. Il s'y poste, et crie aux soldats de cesser un combat sans ordre, dans lequel ils ne peuvent faire usage de leurs armes et succombent sous les coups pressés de leurs ennemis. Irrité de n'oser faire feu, car, dans la mêlée, il ne peut distinguer les Polonais des Russes, il commande : « Formez vos rangs! » Mais le tumulte couvre sa voix.

Mathias, pris à revers, cherchant une échappée,
Se retire à couvert, brandissant son épée,
Coupant sabre ou mousquet, et taillant l'ennemi,
Pour s'ouvrir un chemin, de son bras affermi.
Un vieux sergent expert, instructeur de la troupe,
Le serre obstinément et le suit dans le groupe,
Voulant se mesurer avec le vieux gaillard
Et faire, en le tuant, la preuve de son art.
Maître à la baïonnette, il se tord, se ramasse;
Saisissant son fusil, des deux mains il l'enlace,

La droite sur la crosse et la gauche au canon,
Le tenant ferme en l'air, et, fier de son renom,
Il tourne, s'accroupit, puis tout à coup s'élance,
D'une main lâchant l'arme, et de l'autre la lance
Comme un dard de serpent, ramène son fusil,
Et manie avec art son précieux outil,
Dirigeant sur Mathias son arme meurtrière,
Cherchant à l'assaillir en habile adversaire.

Celui-ci reconnut à l'instant le danger;
Se couvrant de sa verge, il veut se dégager,
Surveille le sergent et, par ruse ou finesse,
Chancelle sur ses pieds, comme en état d'ivresse.
L'ennemi, sûr de vaincre, atteignant le vieillard,
Se cambre tellement pour lancer son gros dard,
Qu'il penche tout son corps après sa baïonnette.
Mathias l'écarte alors de sa dure vergette;
L'abaissant aussitôt, du Russe il fend la main,
Et puis, du même coup, l'étend sur le terrain.

Le vieux sergent périt ainsi dans les broussailles,
Décoré de la croix et de quatre médailles.

A gauche, où l'on avait cloué les prisonniers,
La victoire sourit aux partisans guerriers :
Là combat Goupillon, brisant d'en haut les têtes;
Là s'agite Rasoir, achevant ses conquêtes
Par des coups de boutoir bien dirigés d'en bas,
Qui massacrent, vouant les Russes au trépas.
Tel cet engin nouveau, nommé « machine à battre »,
Qui détache le grain de l'épi blond jaunâtre,
Frappant dru sur la gerbe à l'aide de fléaux,
Coupant encor la paille avec de grands couteaux ;
Goupillon et Rasoir se comportent de même,
Employant pour combattre un semblable système :
Taillant leurs ennemis, et d'en bas, et d'en haut,
Et baignant dans le sang leur glorieux assaut...

Goupillon abandonne une victoire certaine et court à l'aile droite où un nouveau danger menaçait le vieux Mathias. Un sous-lieutenant voulait venger sur lui la mort de son sergent, et l'attaquait avec son esponton, arme qui est à la fois pique et hache, ne servant plus maintenant que dans la marine, mais alors en usage aussi dans l'infanterie. Le jeune homme combattait avec adresse, reculant toutes les fois que son adversaire écartait son arme. Mathias, ne pouvant l'atteindre ni le blesser, se tenait sur la défensive.

Déjà le sous-lieutenant lui avait fait une légère blessure, et, levant son esponton, menaçait sa tête. Goupillon ne pouvant arriver à temps, s'arrête à mi-chemin, et jette son fusil entre les jambes de l'officier. Ses os se brisent, il lâche son arme et s'affaisse... Goupillon s'élance sur lui, suivi d'une troupe de gentilshommes. Derrière eux, accourent en désordre les Russes de l'aile gauche, et le combat se rétablit autour de Goupillon.

Ayant perdu son arme en défendant Mathias,
Celui-ci se trouva dans un grave embarras.
Deux Russes vigoureux, l'attaquant par derrière,
Le prennent aux cheveux, lui tirent la crinière,
Comme un câble fixé sur le mât d'un radeau.

Il se débat en vain, s'arc-boutant en cerceau ;
Près de tomber, il crie à Gervais dans la foule :
« Canif! à mon secours! »

       L'autre arrive et refoule
Les Russes. Il abat, de son glaive tranchant,
Les mains des agresseurs aux cheveux s'attachant,
Dont les moignons coupés, suspendus à sa tête,
Restent, gage sanglant de sa fière conquête.
Tel l'aiglon d'une serre empoigne un lièvre au bond,
Et de l'autre s'accroche à l'arbre, comme un gond,
Pour conserver sa proie : en deux il se déchire ;
A l'arbre suspendue, accusant son martyre,
Une serre est clouée, et le lièvre tremblant
Emporte à travers prés l'autre lambeau sanglant.

Goupillon sain et sauf demande en vain une arme,
Et combat de ses poings au milieu du vacarme,

Quand il voit son fils Sak luttant dans la mêlée,
Et traînant une gaule en bois, aux nœuds tordus,
Espèce de massue, à surface étoilée
D'arabesques en fer et de gros clous pointus.
Goupillon la saisit, la secoue et l'embrasse;
Personne, excepté lui, ne saurait la mouvoir.
Brandissant l'arme au bras et radieux d'espoir,
Il la teint dans le sang des Russes qu'il terrasse.

Citer tous ses exploits, leurs brillants résultats,
Serait peine perdue, on ne me croirait pas.
C'est ainsi qu'à Vilna fut pris pour un mensonge
Le récit d'une vieille ayant vu, non en songe,
Mais du haut d'une tour, le chef des ennemis,
Un vaillant général, tomber mort vis-à-vis,
Tué par un bourgeois, sauvant la sainte ville
Des Kosaques chassés par son aide virile.

Il suffira de savoir que les choses se passèrent comme Rykow l'avait prévu. Les chasseurs, dispersés dans la mêlée, durent céder à la supériorité individuelle de leurs ennemis. Vingt-trois restèrent sur le champ de bataille, une trentaine furent blessés, beaucoup se sauvèrent et se cachèrent dans le verger, dans le houblon, dans les marécages de la rivière; quelques-uns se réfugièrent dans la maison et se mirent sous la protection des dames.

Les gentilshommes vainqueurs poussent des cris d'allégresse : les uns courent aux tonneaux, les autres aux ennemis qu'ils dépouillent. Robak seul ne partage pas leur joie insensée. Il n'avait pas combattu, les canons de l'Église défendant au prêtre de répandre le sang; mais, en homme expert, il avait donné des conseils, parcourant en tous sens le champ de bataille, encourageant les combattants du regard et du geste. A présent, il les rassemble autour de lui et leur recommande de tomber sur Rykow et d'achever ainsi la victoire. Il envoie un parlementaire au capitaine pour lui dire qu'il aura la vie sauve s'il dépose les armes; autrement, sa troupe sera cernée et exterminée.

Rykow ne songeait guère à se rendre aux vainqueurs. Il groupe autour de lui le reste des chasseurs,

Une moitié du corps conservée en réserve :
« Soldats, serrez vos rangs ! leur dit-il avec verve ;
Portez armes !... Au pas !... En joue !... Attention !... »
Il commande gaîment, comme à l'inspection.
Les canons tout luisants s'abaissent sur la plaine :
« Feu de file à présent !... » reprend le capitaine.
Les coups portent au loin mort, carnage et péril ;
L'un vise, l'autre tire et charge son fusil ;
Le craquement des chiens et le bruit des baguettes
Résonnent : on dirait un serpent à sonnettes,
Un reptile agitant ses flamboyants anneaux.

Les chasseurs avinés tiraient comme aux moineaux,
Visant mal, sans pointer, lançant trop haut leurs balles.
Les nobles ripostaient à de longs intervalles,
Manquant d'armes à feu ; brûlant de s'élancer
Sur les Russes au sabre, ils veulent les chasser.
Mais, plus calmes, les vieux répriment leur audace,
Car les balles, sifflant et balayant l'espace,

Ont fait déjà des morts, blessent à chaque instant,
Et forment un concert infernal et constant,
Dont les sinistres sons vibrent à leurs oreilles,
Atteignant au manoir les vitres et les treilles.

Sur l'ordre exprès du chef, Thadée, à la maison,
Protégeait le beau sexe en pleurs et pamoison;
Mais, voyant s'approcher et sévir la bataille,
Il s'élance dehors, affrontant la mitraille,
Suivi du président, auquel enfin Thomas,
Fidèle serviteur, avait mis sabre au bras,
Et qui va fièrement, en chef de la noblesse,
La conduire au danger sans crainte ni faiblesse.
Les chasseurs à leurs rangs, la laissant approcher,
Lancent un feu roulant qui les fait trébucher,
Et blesse plus d'un brave, en jetant l'épouvante
Parmi les partisans trompés dans leur attente,
Forcés de reculer, revenant sur leurs pas,
Ramenés prudemment par Robak et Mathias.

Le capitaine alors, en voyant leur déroute,
Veut prendre le manoir d'assaut, coûte que coûte.
Il commande aux soldats : « Formez-vous, mes enfants,
En colonne, à l'attaque !... Au feu, serrez les rangs !
Marche !... A la baïonnette, enlevons la bicoque ! »
Il mène à pas pressés la troupe qu'il invoque.
En vain les Polonais veulent les arrêter,
Les prenant à revers pour mieux les rejeter ;
Les Russes, avançant, touchent à la demeure,
Et Rykow crie alors : « Qu'on se rende ou qu'on meure
Dans ce chien de logis, qui va flamber au loin ! »
Mais le juge répond : « J'y rôtirai ton groin ! »

Manoir des Sopliça ! si tes blanches murailles
Reluisent au soleil à travers les broussailles,
Si la noblesse encor s'y réunit souvent,
Et porte la santé du cher hôte en buvant,
Tu la dois à Cruchon, ta joyeuse existence,
A son esprit guerrier, à sa mâle vaillance !...

CHANT NEUVIÈME.

Il s'était maintenu jusqu'alors à l'écart,
Au conflit général ne prenant nulle part;
Délivré de la chaîne aux nobles imposée,
Ayant repris son arme à la bouche évasée,
Son tromblon, il trouvait pourtant inopportun
D'engager le combat tant qu'il était à jeun.
Il alla donc d'abord au baril d'eau-de-vie,
Y puisant la liqueur avec sa main brunie,
Et, s'étant réchauffé, sonda son mousqueton,
Renouvela la charge, inspecta le piston,
Méditant le moyen d'arrêter l'avalanche
Des Russes, et de prendre une belle revanche.
Il se glisse en rampant dans les bosquets touffus,
Par où devaient passer les ennemis repus;
Puis il fait signe à Sak de venir l'y rejoindre.
Celui-ci, sur le seuil du manoir, voyant poindre
Les Russes dans la cour, épaule son fusil,
Ne pensant qu'à Sophie au moment du péril,
Satisfait de mourir sous les yeux de sa belle,
Qui pourtant fut pour lui dédaigneuse et cruelle.

Les chasseurs dans leur marche abordent les bosquets,
Et reçoivent en plein, en guise de bouquets,
Presque à brûle-pourpoint, la mortelle décharge
Des deux tromblons remplis à gueule par la charge.
Décimés, hésitants, ils reculent de peur,
Oubliant leurs blessés dans leur morne stupeur...
Goupillon et Cruchon, assouvissant leur rage,
Achèvent les mourants par un sanglant carnage.

☆

Les Russes dépassent la grange dans leur retraite. Rykow s'élance vers la haie du jardin; il arrête les fuyards, leur fait reprendre leurs rangs, mais il change l'ordre de la bataille. Il forme un triangle, dont la pointe s'avance dans la cour, tandis que la base s'appuie sur la haie du jardin. Le parti était sage, car une troupe de cavaliers, accourant du château, allait l'attaquer.

☆

CHANT NEUVIÈME.

Le comte, prisonnier des Russes au château,

Voyant ses gardes fuir du haut de son créneau,

Délivre ses valets, les fait monter en selle,

Et conduit au combat son escorte fidèle.

Rykow ouvre sur eux un feu de peloton;

Un filet de lumière apparaît en feston,

Et cent balles au moins tombent comme la grêle,

Mutilant et tuant gens, chevaux pêle-mêle.

Le comte est abattu de son cheval blessé.

Les chasseurs, redoublant leur feu vif et pressé,

S'acharnent après lui. Gervais court à son aide;

Mais Robak, plus agile et plus prompt, le précède,

Et, couvrant de son corps le fier comte, en son lieu,

Le sauvant du péril, reçoit un coup de feu.

Il l'entraîne plus loin, ordonne à la noblesse

De se disséminer, tirant avec justesse,

Sans perdre une cartouche, et de se garantir

Derrière les buissons pour diriger leur tir,

Et recommande au comte, à sa cavalerie,

De se mettre à couvert, cachés dans la prairie.

Le plan du bernardin fut aisément compris
Et bien exécuté par Thadée, au logis,
Car, masqué par un puits élevant sa charpente
Dans la cour, à l'abri, tirant, par une fente,
Sur les Russes massés, qu'il mettait en fureur,
Il tirait à coup sûr, étant parfait tireur.
Il abat le fourrier à l'allure fringante,
Puis deux sergents gourmés, lâchant double détente.
Il ajuste les chefs, surtout l'état-major
Placé dans le triangle, ou bien les galons d'or
Des vieux sous-officiers. Rykow, dans sa colère,
Jure et dit au major, frappant du pied la terre :
« Si cela dure ainsi, la troupe n'aura plus
De chefs pour commander les soldats éperdus. »

Le major, hors de lui, de loin crie à Thadée :
« Monsieur le Polonais, honteuse est votre idée
De tirer à couvert, comme un homme ayant peur ;
Venez vous battre ici, montrez votre valeur ! »

Thadée alors reprend : « Paladin militaire,
Qui lancez vos chasseurs en vous tenant derrière,
Si vous voulez venger votre honneur insulté,
J'accepte le défi, vous ayant souffleté ;
Je vous attends, major, sans terreur et sans crainte,
Pour me battre avec vous en dehors de l'enceinte,
En combat singulier, sans répandre le sang
De vos braves soldats qui meurent à leur rang,
Acceptant, résignés, leur sort et leur misère...
Le glaive ou le poignard? le sabre ou la rapière?...
Des armes, vous voyez, je vous laisse le choix.
Épée ou pistolet? l'un et l'autre à la fois?...
Allez! ne vous gênez en aucune manière :
Vous avez, pour choisir, liberté pleine, entière,
Du fusil au couteau, de l'épingle au canon...
Venez vous mesurer, bel officier, sinon
Je vous canarderai tous, sans trêve, à la file!... »
Et, ce disant, il tue un sergent immobile.

✩

— Major, lui dit Rykow à l'oreille, acceptez le défi ; vengez l'affront qu'il vous a fait ce matin. Si ce gentilhomme périt de la main d'un autre, jamais vous ne laverez la tache qu'il a imprimée sur votre honneur. Il faut s'en débarrasser par l'épée, puisque le fusil ne peut l'atteindre.

> Ce qui fait du bruit
> N'est pas ce qui nuit ;
> En fait de bataille,
> Vaut mieux ce qui taille,

disait le vieux Souwaroff. Allez-y, major, autrement il nous tuera tous ; le voilà qui nous vise encore.

— Mon cher Rykow, répondit le major, cher ami, tu es très-fort à l'épée, va donc à ma place... ou bien envoyons un de nos officiers. Comme chef, je ne puis quitter la troupe ; c'est à moi qu'appartient le commandement du bataillon.

A l'ordre du major, Rykow quitte le rang,
Fait cesser le feu roide, agite un mouchoir blanc,
Et provoque Thadée à sortir, à combattre,
Lui concédant le choix des armes pour se battre.

Ils choisissent l'épée, en suite d'un accord
Fait entre eux poliment, pour se donner la mort.

Le comte surgissant, empêche la rencontre :
« C'est à moi de lutter, dit-il, je le démontre :
Vous avez, Sopliça, provoqué le major
Qui, par vous offensé, doit se venger encor;
J'ai le droit de punir l'insolent capitaine
Qui, dans ma résidence, osa, sur mon domaine...
— Domaine ni château ne sont vraiment à vous,
Interrompit Protaze, et le droit est pour nous. —
S'introduire la nuit, usant de violence,
Et garrotter mes gens, me faisant une offense
Qui réclame sur l'heure un juste châtiment... »

Tous se turent soudain... Silencieusement
Des deux parts, l'arme au bras, on assiste à la lutte;
Le comte et Rykow vont se fendre à la minute.

Ils commencent pourtant par se faire un salut,
Qu'ont de tout temps prescrit le code et le statut,
Pour les hommes d'honneur. Leurs glaives s'entrecroisent ;
Les champions en face attaquent et se toisent,
Pliant le genou droit, ripostent en sautant,
Rivalisant d'adresse et de force en luttant.

Mais le major, voyant Thadée en confiance
Se montrer découvert, offre une récompense
De cinq roubles d'argent au caporal Gonta,
Habile et bon tireur, en somme, un gros bêta,
Pour lui mettre une balle à la cinquième côte.
Gonta tire à couvert, pour gagner sa bank-note,
Ne visant pas au cœur, mais au front du guerrier,
Et perce le chapeau du jeune bachelier,
Qui, vivement surpris, fait une pirouette.
Goupillon furieux, la noblesse inquiète,
S'élancent vers Rykow, en criant : « Trahison ! »
Thadée en vain s'adresse et parle à leur raison,

Et, couvrant de son corps le vaillant adversaire,
Il l'aide à regagner sa troupe et sa bannière.

Les Dobrzynski, de sang et de cœur Mazoviens,
En bravoure rivaux des Lithuaniens,
Prisant des Mickiewicz la valeur infinie,
Disaient : « Honneur et gloire à la Lithuanie! »
Et ceux-ci, moissonnant, comme de mûrs épis,
Les Russes, affrontant la mort avec mépris,
Criaient, voyant Rasoir blessé risquer sa vie :
« Vivent les preux Mathias! Vive la Mazovie!... »
Oubliant leur grief, leurs violents débats,
Ils se tendaient la main pour voler aux combats,
Vainement retenus par Mathias et le prêtre,
Trop circonspects pour eux, vifs comme le salpêtre.

Le grand drame approchait gravement de sa fin;
Wojski s'était rendu prudemment au jardin,

Ayant à ses côtés Protaze, huissier fidèle,
Et confiant un ordre, à voix basse, à son zèle..

Une antique et vaste fromagerie, ressemblant à une cage faite de solives et de lattes croisées, se trouvait au jardin, presque attenante à la haie où Rykow avait appuyé son triangle. On y voyait briller de nombreuses rangées de fromages ; tout autour se balançaient de gros bouquets de sauge, de menthe, de carde et de marjolaine, mis à sécher : toute la pharmacie domestique de mademoiselle Wojska.

Le sommet du bâtiment, large de quinze pieds environ, reposait sur un unique pilier : on eût dit un nid de cigogne. Le vieux pilier en chêne menaçait ruine, car il était déjà à demi vermoulu. Plus d'une fois on avait conseillé au juge d'abattre l'édifice qui tombait de vétusté ; il s'était contenté de le réparer, remettant à un temps plus propice la construction d'une nouvelle fromagerie ; et, en attendant, il avait fait étayer le pilier avec deux poutrelles. Ce bâtiment ainsi restauré, mais peu solide, s'élevait au-dessus du triangle appuyé contre la haie.

Wojski et l'huissier se glissent avec précaution vers cette fromagerie. Ils sont armés de deux longues perches. Der-

CHANT NEUVIÈME.

rière eux marchent la femme de charge et le marmiton, jeune gars extrêmement robuste. Arrivés près du bâtiment, ils appuient leurs perches contre le sommet du pilier à moitié pourri, et poussent l'autre bout de toutes leurs forces réunies, comme des bateliers qui veulent remettre à flot un radeau engravé dans le sable du rivage.

Le pilier craque, la fromagerie s'écroule et tombe sur le triangle russe, de toute la pesanteur de ses poutres et de ses fromages. Elle écrase, blesse et tue les soldats rangés en ordre de bataille, dont les cadavres gisent pêle-mêle avec les fromages blancs comme la neige et souillés de cervelle et de sang. Le triangle est disloqué : déjà tout au milieu asperge le *goupillon*, étincelle le rasoir et frappe la verge. Une foule de gentilshommes accourent du côté de la maison ; et le comte, de la porte de l'enceinte, lance sa cavalerie sur les fuyards.

Huit chasseurs survivants se défendent encor ;
Le porte-clefs contre eux dirige son essor.
Ils braquent leurs fusils sur lui, fermes en place ;
Bravant leur feu, Gervais s'élance, plein d'audace.

Robak, pour le sauver, lui coupe le chemin,
Et tombe en l'entraînant dans sa chute, en gamin,
Au moment où sévit la chaude fusillade.
Une seconde après, le vaillant camarade,
Debout dans la fumée, entreprend les soldats,
Sabre la tête à l'un, tranche au second un bras,
Met les autres en fuite et poursuit dans l'étable
Les fuyards dispersés de son glaive implacable;
Puis on entend des cris, un conflit violent...
Et Gervais sort bientôt, son canif tout sanglant!

Les partisans, vainqueurs sur le champ de bataille,
Massacrent sans pitié, usant de représaille,
Les malheureux chasseurs effarés, aux abois,
Et cherchant un refuge, un abri dans les bois.
Resté seul, en courroux, le brave capitaine
Refuse de se rendre, appuyé contre un chêne.
« Au devoir le plus strict, vous avez obéi,
Lui dit le président; le sort vous a trahi!

Toute lutte serait désormais puérile ;
Déposez en mes mains votre épée inutile,
Vous garderez intacts et la vie et l'honneur.
J'admire en vous un brave, et le dis de grand cœur. »

Rykow, touché, vaincu par cette bienveillance,
Le salue et lui rend son épée en silence,
Teinte et rouge du sang qu'il avait répandu ;
Puis il dit tristement, de douleur éperdu :
« Oui, vous avez, messieurs, remporté la victoire,
Montrant votre bravoure et vous couvrant de gloire.
Souvaroff l'a bien dit : Contre vous, sacré nom !...
Pour vous battre et vous vaincre, il fallait du canon.
Le major répondra de sa grande faiblesse
Devant notre Empereur. Les soldats en ivresse
Ont manqué de sang-froid, combattant l'ennemi.
Monsieur le président, je reste votre ami.
Un dicton russe dit : « En vérité, qui s'aime
Se querelle, se bat et se tourmente même. »

Sabre ou verre à la main, vous êtes sans rivaux ;
Mais soyez plus cléments pour nos chasseurs loyaux. »

Le président trouva la prière fondée,
Et, faisant proclamer l'amnistie accordée,
Prit grand soin des blessés, fit enterrer les morts,
Désarmer les soldats, les maintenant en corps
Prisonniers à la ferme. — On trouva dans l'ortie
Le major Plut caché, désertant la partie,
Et perdant la bataille et l'honneur à la fois.

Substituant la force et l'arbitraire aux lois,
Telle fut la dernière incursion armée
Dont l'histoire redit la vaine renommée.

CHANT DIXIÈME

CHANT DIXIÈME

LA CONFESSION.

Les nuages épars, déchirés en lambeaux,
Se rejoignent, pareils à de sombres oiseaux
Planant aux régions du ciel supérieures,
Et d'un voile brumeux le recouvrent aux heures
Où Phébus du zénith s'abaisse à l'horizon ;
Ils forment, réunis, une épaisse cloison,
Que pousse un fier autan, d'une force puissante,
Du sud à l'occident, messager de tourmente,

La déroulant dans l'air, comme un obscur rideau
Flottant, et tout chargé d'éclairs, de grêle et d'eau.

Dans l'air trouble, un instant, règne un morne silence,
Court repos d'éléments hostiles en présence :
Les vastes champs de seigle, aux blonds épis dorés,
Versant, se relevant, par le vent attirés,
Agités en tous sens comme une mer houleuse,
Maintenant hérissés vers la nue orageuse,
Se dressent droit au ciel, en immobilité,
Aspirant le carbone et l'électricité.
Au bord des grands chemins, les peupliers, les saules,
Laissant flotter à terre, ombrageant leurs épaules,
Leurs tresses d'argent mat et leurs rameaux pendants,
Comme en deuil du malheur les tristes confidents,
Restent pétrifiés dans leur douleur muette,
Comme la Niobé de marbre, stupéfaite.
Seul, le tremble grisâtre agite en frissonnant
Son feuillage et se penche, au sommet s'inclinant.

Le bétail, paresseux à rentrer d'ordinaire,
S'attroupe maintenant pour quitter la jachère,
Revenant à la hâte et sans ordre au logis;
Le taureau bat la terre et brise le taillis,
Il laboure le sol de ses cornes, effraye
De son mugissement vibrant sous la futaie...
La vache lève au ciel ses grands yeux arrondis,
Soupire, ouvrant la bouche, et garde un air surpris;
Le gros porc maraudeur dans sa marche s'attarde,
Et, volant des épis, grogne à l'arrière-garde.

Les oiseaux ahuris se cachent dans les bois,
Sous les rameaux touffus et le chaume des toits;
Les corneilles en troupe, au bord des marécages,
Sont seules à fixer les terribles nuages
D'un œil sombre comme eux, et marchent gravement,
Tenant le bec ouvert et l'aile en mouvement,
Désirant prendre un bain sous la prochaine ondée,
Mais, prévoyant aussi l'averse débordée,

Elles cherchent de même un refuge à couvert,
Transportant en forêt leur glapissant concert.
Une hirondelle encor veut affronter la nue,
La perçant comme un dard, et retombe, éperdue...

Dans ce moment même, les gentilshommes, après avoir terminé leur terrible combat contre les Russes, se réfugient en foule dans la maison et les granges, abandonnant le champ de bataille aux éléments, qui vont y commencer leur lutte.

Au couchant, l'horizon, doré par le soleil,
Apparaissait, luisant d'un ton jaune et vermeil.
Le nuage s'étend, le couvre de son ombre,
Enlaçant la clarté d'un vaste filet sombre,
Prêt à devancer l'astre au terme du parcours,
Interceptant lumière et chaleur dans son cours.

Les autans déchaînés sifflent à rez de terre,
Se pourchassent l'un l'autre, et mouillent l'atmosphère
De grosses gouttes d'eau, sous forme de grêlons
Sphériques et brillants qui criblent les vallons.

Ils se heurtent soudain, et bouleversent l'onde
Des étangs soulevés par l'ouragan qui gronde,
Se prennent corps à corps, tournoyant, se roulant
En cyclones, en trombe, à l'aspect désolant,
Qui creuse des sillons, soulève la poussière,
Arrache à pleines mains, dans sa folle colère,
Arbres, plantes, épis, les lance dans les airs,
Comme un géant des cieux tout sillonné d'éclairs.
Les tiges se brisant, feuilles, branches et paille,
Forment un tourbillon qui les tord et les taille,
Entraîne dans son vol gazon, gerbes, roseaux,
Enlève sur les lacs joncs, sable par monceaux,
Grand cône renversé, cinglant à toutes voiles,
Le sommet sur la terre et la base aux étoiles,

Qui rompt et casse tout dans son vol furieux,
Épouvante les cœurs les plus audacieux,
Et se fraye en forêt une profonde ornière,
Mugissant comme l'ours rentrant dans sa tanière.

La pluie en clapotant ne cesse de couler,
S'échappant, dirait-on, d'un tamis à cribler.
Le tonnerre a grondé de sa voix foudroyante;
Les larges gouttes d'eau d'une averse effrayante,
En chaîne s'unissant, confondent terre et ciel,
Cascade grandiose, au jet d'eau naturel,
Jaillissant dans la nuit et la sombre tempête.
L'ange exterminateur montre parfois sa tête,
Éclairant l'horizon d'une étrange lueur;
Il lance un coup de foudre au monde inférieur,
Et s'enfuit dans les cieux en crevant les nuages.
La tourmente redouble, augmentant ses ravages;
Il pleut, il grêle, il tonne, et l'ouragan mugit;
L'eau se déroule en nappe et l'ombre s'épaissit,

Devient opaque et noire, enveloppant la terre.

L'averse frappe, gronde et découle en gouttière,

Puis se calme et s'apaise en pleine obscurité;

L'orage disparaît, par le vent emporté,

Laissant en souvenir une rare étincelle,

Le murmure des bois et l'onde qui ruisselle.

Un aussi violent orage venait à souhait en un pareil jour; car il avait couvert de ses ombres le champ de bataille, rendu les chemins impraticables, emporté les ponts sur la rivière et fait de Sopliça une forteresse inaccessible. La nouvelle de ce qui venait de s'y passer ne put donc se répandre dans le voisinage, ce qui était très-opportun pour le sort des gentilshommes compromis dans la bagarre.

D'importantes affaires s'agitent en conseil dans la chambre du juge. Le bernardin est couché sur un lit, harassé, pâle, ensanglanté; mais son esprit conserve toute sa lucidité; il donne des ordres que le juge exécute à la lettre. Il engage le président à venir le voir, appelle le porte-clefs, fait amener Rykow, et ordonne de fermer la porte. La conférence secrète dure depuis une heure, quand le capitaine, en jetant sur la table une bourse pleine de ducats, l'interrompt par ces mots :

« Messieurs les Polonais, vous avez pour devise
Que tout Russe est voleur, parlant avec franchise.
Nikite Iwanowitch, capitaine Rykow,
Décoré de la croix sous les murs d'Ozcakow,
De deux autres encore et de plusieurs médailles,
Pour l'assaut d'Izmaïl et les grandes batailles
D'Eylau, Novi, Zurich, où nous fûmes vainqueurs,
Enlevant aux Français la gloire et les honneurs ;
En outre, ayant reçu du grand Tsar moscovite
De glorieux rescrits, flatteurs pour son mérite,
Certes n'est pas du nombre où vous l'enregistrez,
De ces hommes vénaux et gredins déclarés... »

Robak l'interrompit : « Mais, mon cher capitaine,
Vous nous avez promis d'assoupir la fredaine ;

Nous avons confiance en votre loyauté!...

— C'est vrai, reprit Rykow, en toute probité,

Je l'affirme : je veux conjurer votre perte,

Et ne reprends jamais une promesse offerte.

D'ailleurs j'aime et j'estime, à table et dans les camps,

Votre insigne valeur, fût-elle à nos dépens.

On dit : « Qui va bon train peut tomber sous la roue,

Au pinacle en ce jour, et demain dans la boue. »

Le vainqueur à son tour peut être aussi battu,

Sans voir diminuer sa bravoure ou vertu,

Sans avoir de dépit même après la défaite.

Certe, elle fut terrible, à Zurich, la retraite!...

La prise d'Oczakow nous coûta bien du sang;

Austerlitz m'enleva de soldats tout un rang;

Combattant Kosciuszko, nous perdîmes la manche[1],

Mais nous prîmes bientôt une belle revanche[2].

---

[1] A Racawice, Kosciuszko, à la tête de ses faucheurs, enfonça les Russes et gagna la bataille.

[2] A Maciejowice, il fut vaincu, blessé et fait prisonnier.

Vous autres, Polonais, vous aspirez toujours

A la sainte patrie en vos faits et discours;

Je vous plains, mais j'agis comme le Tsar l'ordonne.

Pourquoi garderions-nous ce pays?... Dieu nous donne

La Russie assez vaste, et la Pologne à vous...

Mais il faut obéir au Tsar dans son courroux. »

Le juge lui répondit :

Monsieur le capitaine, vous êtes un honnête homme ; personne ne l'ignore dans le pays, où vous êtes cantonné depuis plusieurs années. Le présent ne doit pas vous offenser, mon ami ; nous n'avons pas voulu vous blesser, en prenant la liberté de vous offrir cette bourse ; nous savons que vous n'êtes pas riche...

« Oh! s'écria Rykow, pauvres chasseurs hachés!...

Puisse Dieu pardonner à Plut tous ses péchés!...

Le major répondra devant le Tsar auguste
Du bataillon perdu dans une lutte injuste.
Reprenez votre argent! Ma solde d'officier,
Plus mince, en vérité, qu'un revenu princier,
Me suffit amplement pour mon punch et ma pipe.
Mais, vivant avec vous, vous aimant en principe,
Je promets de venir à votre aide et secours,
Et de vous protéger quand l'enquête aura cours.
Je déposerai donc que, vous faisant visite
Avec son bataillon, Plut, buveur émérite,
Étant en pleine ivresse, à table, à la maison,
Cria de faire feu, sans rime ni raison;
De là, rixe, combat, bataille et tintamarre...
Le bataillon, hélas! périt dans la bagarre.
Plus tard, lors de l'enquête, en guise de soutien,
Graissez, messieurs, la roue afin qu'elle aille bien.
Je l'ai dit au sieur noble, à la longue rapière :
Songez-y, le major est le chef militaire,
Son rapport pourrait nuire à votre sûreté;
Vous devez apaiser son animosité,

Lui fourrant dans la main une somme assez ronde
Pour lui fermer la bouche et brider sa faconde.
Plut vous a-t-il promis son concours bienveillant?»

Gervais, ridant le front, fit un geste saillant
Pour dire, à ce sujet, qu'il n'avait nulle crainte
A l'égard du major et concernant sa plainte,
Laissant voir à Rykow, insistant là-dessus,
Que, n'importe comment, Plut ne parlerait plus.
Il dit d'un air contraint : « Messeigneurs, je le jure
Sur mon canif sanglant, l'indigne créature
Ne trahira personne. » Et, baissant le grand doigt
D'une façon tragique, il se dressa tout droit,
Et balança la tête, ajoutant à voix basse :
« C'était le seul moyen de sortir de l'impasse;
Il fallait obéir à la nécessité,
Pourvoir, coûte que coûte, à notre liberté! »

Tous comprirent alors la sombre réticence,
Et, s'observant entre eux, ils gardaient le silence.

Rykow, par un dicton, le rompit le premier :

« Loup croquant les brebis meurt aux dents du limier. »

« — Dieu, dit le président, l'ait en miséricorde ! »

Et le juge reprit : « Il méritait la corde ;

Mais, pur de son trépas, je n'en veux rien savoir. »

Robak, blessé, pouvant à peine se mouvoir,

Du lit se souleva, pâle, sans force, austère,

Pour faire au porte-clefs un reproche sévère.

Le fixant dans les yeux, il lui dit gravement :

« C'est un péché mortel, c'est agir lâchement,

D'occire un prisonnier désarmé, par vengeance,

Et Dieu vous punira de votre violence ;

Il veut qu'on soit humain même pour l'ennemi ! »

Gervais, l'air convaincu, dit d'un ton raffermi :

« J'assume le péché sur moi ; j'ai dû le faire

Pour le salut public ; priez pour moi, mon père !... »

Il ne fut plus question du major Plut. Le lendemain, on le chercha vainement dans le village; on promit inutilement une récompense honnête à qui retrouverait son cadavre. Le major avait disparu, sans laisser de trace, comme s'il fût tombé dans l'eau, et personne ne put jamais savoir ce qu'il était devenu. Le porte-clefs répondait invariablement à toutes les questions indiscrètes :

— *Pro publico bono!*

Wojski était dans le secret, mais il avait donné sa parole d'honneur de n'en rien dire; il restait muet, comme enchaîné par un sortilége.

Le traité conclu, Rykow sortit. Robak fit appeler les belliqueux gentilshommes, et le président leur dit avec dignité :

« Mes frères, le bon Dieu daigna bénir nos armes;
Mais nous allons passer par de rudes alarmes:
Il nous faudra plus tard expier le succès,
Et nous payerons cher nos malheureux excès.
Nous sommes tous fautifs. Le bon père est coupable
D'avoir cru trop prochain l'avenir désirable,

Vous parlant de sujets qui furent mal compris;
Nous n'aurons de sitôt la guerre, à mon avis,
Les principaux acteurs de la lutte finie
Ne peuvent demeurer dans la Lithuanie.
Thadée avec Mathias, surnommé Goupillon,
Et son fils Sak, Rasoir, Barthélemy, Cruchon,
Franchissant le Niémen, se rendront en Pologne,
Prenant sur eux la faute avec feu Plut, l'ivrogne,
Qui, mort, est seul l'auteur de la collision.
Nous obtiendrons ainsi l'exonération
Des autres partisans. Partez donc, vaillants frères!
Puisse Notre-Seigneur, écoutant nos prières,
Vous ramener bientôt, avec nos alliés,
Les glorieux Français, et, de réfugiés,
Vous faire les sauveurs de la chère patrie,
Grâce à votre valeur et vos soins refleurie!...
Le juge veillera lui-même au plus urgent
A faire pour la route, et je fournis l'argent. »
Tous les intéressés sentirent la sagesse
Du conseil, sachant bien que celui qui transgresse

Les ukases du Tsar doit combattre à la mort,
Ou fuir pour éviter l'exil au pôle nord.
Résignés par raison à quitter la contrée,
Ils avaient l'air lugubre et la mine navrée,
Chérissant leur pays, aimant le sol natal
D'un sentiment inné, durable, sans égal,
Prêts à sacrifier cet amour et la vie,
S'il le faut, librement, pour servir leur patrie,
Errant et combattant, satisfaits de souffrir,
S'ils ont une lueur d'espoir dans l'avenir.

✿

Tous déclarèrent qu'ils étaient disposés à partir, à l'exception de M. Buchman. Celui-ci, en homme prudent, n'avait pris aucune part au combat; mais dès qu'il eut appris qu'on délibérait, il s'était empressé d'apporter son avis.

Le projet ne lui semblait pas mauvais en lui-même, mais il voulait l'amender, le développer avec précision, l'expliquer plus clairement, et surtout nommer légalement une commission qui discutât le but, les motifs, tous les moyens de l'émigration, et beaucoup d'autres choses encore.

Malheureusement la brièveté du temps ne permit pas de suivre le conseil de M. Buchman. Les gentilshommes prirent congé en toute hâte, et se mirent en route à l'instant.

Le juge, retenant Thadée alors près d'eux,
Dit au moine : « Il est temps, oui, que je te confie
Le penchant du jeune homme et les tendres aveux
De son amour naissant pour la chère Sophie.
Je voudrais au départ les savoir fiancés;
Télimène à présent trouve mes plans sensés,
Et j'ai l'assentiment tout joyeux de la nièce.
Ne pouvant célébrer encor leur union,
Je veux en assurer la formelle promesse;
Protégeant mon neveu de toute passion.
Au milieu d'incidents variés du voyage,
Un jeune cœur novice est aisément volage.

Thadée, en fiancé, portant au doigt l'anneau,
Se souviendra toujours de sa future épouse,
Et, fixant du regard le précieux joyau,
Aura peur, même absent, de la rendre jalouse.
C'est une garantie, un heureux talisman
Pour assurer son cœur contre un trop vif élan.

—Moi aussi, continua-t-il, il y a de cela trente ans, j'éprouvais de bien tendres sentiments pour mademoiselle Marthe, dont j'avais su conquérir le cœur. Nous étions fiancés ; mais Dieu ne bénit pas ces liens et rappela à lui la belle enfant de mon ami Wojski : je restai donc veuf en gardant le souvenir de ses vertus, de ses charmes et l'anneau d'or que voici. Toutes les fois que je le contemple, la pauvre défunte apparaît à mes yeux. Je restai ainsi fidèle à la mémoire de ma fiancée, devenant veuf avant même d'être époux, bien que Wojski eût une autre fille aussi belle et ressemblant beaucoup à ma Marthe chérie.

A ces mots, il jeta un regard attendri sur son anneau, en essuyant ses yeux du revers de sa main.

—Mon frère, dit-il en terminant, qu'en pensez-vous? Célé-

brons-nous les fiançailles? Le jeune homme est amoureux,
et j'ai la parole de la tante et celle de Sophie.

Thadée, en embrassant la main de son tuteur,
Dit, plein d'émotion : « Votre extrême tendresse
Veut avant mon départ assurer mon bonheur,
Réalisant désirs et vœux de ma jeunesse.
Obligé de partir sans être le promis
De Sophie, éveillant mon amour le plus tendre,
Je refoule en mon cœur mes sentiments exquis,
Et je sens qu'aujourd'hui je ne puis y prétendre
Dans mon égarement. Mais si, daignant attendre,
Ma belle m'autorise à conserver l'espoir
De plaire, étant payé de retour, et de voir
Couronner mon amour par sa reconnaissance,
Je partirai joyeux, tâchant, dans mon absence,
De me rendre en tout lieu digne de sa faveur
Par ma fidélité, mon zèle et ma ferveur.

Revenant au pays, guidé par la victoire,

Couronné de lauriers, enhardi par la gloire,

Je vous rappellerai votre excellent projet,

Et, me jetant aux pieds de l'aimable Sophie,

J'implorerai sa grâce en fidèle sujet,

Lui demandant sa main... le bonheur de ma vie!

Je quitte maintenant mon foyer, mes amis,

Peut-être, Dieu le sait, pour des temps infinis;

Un autre peut lui plaire en ce long intervalle.

Ce serait, de ma part, action déloyale

D'enchaîner pour toujours sa réciprocité,

Par ma conduite en rien ne l'ayant mérité. »

Et les larmes alors, lui coupant la parole,

Perles ou diamants, humectèrent ses yeux,

D'innocente candeur attendrissant symbole,

Et de sincérité langage-précieux.

Curieuse, Sophie écoutait, de l'alcôve,

L'entretien de Thadée et du juge au front chauve.

Son petit cœur battait avec force, entendant
Parler d'elle et d'amour d'un ton de voix ardent,
Voyant jaillir les pleurs brillant à la paupière
De son tendre amoureux, aussi beau que sincère.
Mais pourquoi, l'adorant, pensait-il la quitter ?...
Elle ne savait pas débrouiller ce mystère,
Et devait-elle fuir ?... ou le croire et rester ?...
Pour la première fois, elle était assurée
D'être aimée à ce point, — par un homme adorée...

Courant vite à son lit, où brillait en relief,
Près de la sainte Vierge en bronze, saint Joseph,
Le patron des promis et du saint mariage,
Elle prie à genoux et, décrochant l'image,
La baise avec transport, puis revient lestement,
Et s'adresse à Thadée, après un court moment :

« Quoi ! vous partez déjà, monsieur ? Pour le voyage,
Prenez cette relique et prière en partage ;

Ne la quittez jamais, songeant à vos amis,
Et revenez bientôt dans notre cher pays;
Elle vous portera santé, bonheur et gloire!... »
Tremblante, elle lui tend la relique en ivoire,
Restant debout, muette et fermant les paupières,
D'où ruisselaient, luisant, des larmes éphémères.

Prenant la sainte image et lui baisant la main,
Thadée, encouragé, reprit d'un air chagrin :
« Pensez au voyageur, gracieuse Sophie,
Et ne m'oubliez pas absent... Je me confie
A votre bienveillance... » Il ne put achever,
Étouffé par les pleurs, et voulut se sauver.

Télimène et le comte, entrant à l'improviste,
Surprirent sa douleur à son regard si triste;
Le comte ému, fixant sa galante compagne,
S'écria, transporté : « L'héroïsme me gagne !

Quelle scène touchante, au moment des adieux
De deux cœurs implorant la clémence des cieux,
Quand, navire arraché de la barque légère,
Un beau guerrier, quittant l'attrayante bergère,
Lui déclare en partant sa flamme et son amour,
La priant de l'aimer et d'admettre sa cour!...
Le temps, comme la brise, emporte la fumée,
Attisant l'incendie en une âme enflammée;
Mon esprit sait comprendre un amour idéal !
Monsieur de Sopliça! je vous crus mon rival;
Envieux, vous croyant amoureux d'une belle,
Je vous fis de colère une sotte querelle.
Je reconnais mes torts, et j'en fais l'humble aveu;
Car vous êtes épris du bel ange à l'œil bleu;
Quand je donnai mon cœur à la nymphe splendide,
Qui daigna m'honorer de son regard limpide.
De champions rivaux, nous devenons amis,
Rivalisant d'ardeur contre nos ennemis,
Luttant en chevaliers d'amour et de constance,
Prêts à nous surpasser en courage, en vaillance.

Séparés des objets les plus chers à nos cœurs,

Dédaignant les plaisirs, le repos, les honneurs,

Courons et terrassons les Russes, pleins d'audace,

Refoulant la douleur, calmes à la surface!... »

Il parle, électrisé, par degrés s'échauffant,

Et jette à Télimène un regard triomphant.

Celle-ci se taisait, assurément surprise

De ces réflexions, n'y voyant que sottise...

— Monsieur le comte, dit le juge, pourquoi vous obstiner à partir? Croyez-moi, vous êtes plus en sûreté dans vos terres. Le gouvernement punira et plumera ces pauvres gentilshommes; mais vous, monsieur le comte, riche et puissant, vous pourrez vous racheter au prix de la moitié de vos revenus d'une année.

— Cela ne s'accorde pas avec mon caractère, répondit le comte. Ne pouvant être amant, je deviendrai un héros. En proie aux tourments de l'amour, j'appellerai la gloire pour me consoler. Opprimé par le cœur, je me relèverai par mon bras!

— Qui vous défend, monsieur, d'aimer et d'être heureux? lui demanda Télimène.

— La puissance du sort, répondit-il; de sombres pressentiments me poussent, par une force mystérieuse, vers des contrées lointaines, vers des actions extraordinaires. J'avoue avoir voulu allumer le flambeau de l'hyménée en l'honneur de Télimène; mais ce jeune homme m'a donné un trop sublime exemple en arrachant de son front la couronne nuptiale, et en courant vers un avenir incertain, pour éprouver son cœur dans de sanglants combats. Une nouvelle carrière s'ouvre aussi pour moi.

« Nous devons, dit Robak, approuver ce désir;
Vous avez, noble comte, un brillant avenir.
Munissez-vous d'argent, moyen sûr de victoire;
Imitez les héros que nous cite l'histoire :
Wladimir Potocki, levant un régiment,
Lui fournit à ses frais tout son équipement.

Radziwill Dominique engagea son domaine
Pour armer le pays, et se mit dans la gêne...
Hâtez-vous et prenez surtout beaucoup d'argent;
Il en manque au duché[1]. C'est le meilleur agent
Pour avoir du succès et bien mener la guerre.
Adieu ! Puisse le sort vous être en tout prospère ! »

Télimène, entr'ouvrant ses grands yeux langoureux :
« Hélas ! je vois, dit-elle, ô noble et valeureux
Chevalier, que plus rien, pas même ma souffrance,
Ne peut vous retenir... Gardez la souvenance
De votre bien-aimée, et portez ses couleurs,
En prenant ce ruban arrosé de mes pleurs... »

Et, détachant alors un nœud de son corsage,
La belle l'ajusta, comme un heureux présage,

---

[1] Grand-duché de Varsovie, créé par Napoléon Ier, à la paix de Tilsit.

Au vêtement du comte, en ajoutant ces mots :
« Puisse-t-il protéger, garantir mon héros
Du fer, du feu, du sang et de toute blessure,
Par un charme magique, et mieux que toute armure !
Et lorsque, couronné de myrtes, de lauriers,
Surpassant en valeur les autres chevaliers,
Vous aurez noblement obtenu la victoire,
Gardez à votre dame une bonne mémoire ! »

Elle dit, lui donnant sa main blanche à baiser.
Le comte, agenouillé, s'empressa d'y poser
Ses lèvres. Télimène, essuyant une larme,
Répond à ses adieux, l'enivrant de son charme,
Et soupire, en haussant l'épaule en même temps,
De voir son paladin dénué de bon sens.

— Comte, hâtez-vous, dit le juge, il se fait tard.
— Dépêchez-vous, monsieur, s'écria Robak d'un air courroucé.

L'injonction simultanée du juge et du moine força le tendre couple à se séparer et à quitter la chambre.

Restait Thadée. Il embrassa son oncle en pleurant, et baisa les mains de Robak. Celui-ci, pressant le front du jeune homme sur sa poitrine et croisant ses mains sur sa tête, leva ses regards vers le ciel :

— Mon fils, dit-il, que Dieu te conduise!

Il pleurait... Thadée était déjà sorti.

— Comment, s'écria le juge, vous ne lui dites rien, mon frère, même au moment où il nous quitte?

— Non, répondit le moine, il ne saura rien.

Et, cachant son visage dans ses mains, il pleura longtemps. Puis reprenant :

— Pourquoi donc apprendrait-il, le malheureux, qu'il a un père contraint de se cacher aux yeux du monde comme un misérable, comme un assassin?... Dieu sait si je désirais me faire connaître à lui!... Mais cette consolation, je l'offre à Dieu en sacrifice pour mes anciens péchés.

— A présent, il est temps de songer à vous, reprit le juge ; un homme de votre âge, avec une blessure pareille, ne serait pas en état d'émigrer avec les autres. Vous m'avez dit connaître une obscure retraite où vous pourriez rester en paix ;

dites-moi le lieu, et hâtez-vous; une briska attelée vous attend. Mais ne vaudrait-il pas mieux vous cacher dans la forêt, dans la cabane du garde?...

Robak secoua la tête :

— J'ai du temps jusqu'à demain, dit-il; à présent, mon frère, envoyez chercher le curé avec le saint viatique. Éloignez tout le monde; restez seul avec le porte-clefs, et fermez la porte...

Le juge, obéissant, s'assit au bord du lit;
Gervais resta debout, immobile et contrit,
Une main à son front et l'autre à son épée;
Le moine examinait sa figure crispée,
Les yeux fixés sur lui d'un air mystérieux,
Avant de commencer à faire ses aveux,
Comme un chirurgien qui, d'une main légère,
Palpe discrètement les abords de l'ulcère,
Avant de l'entamer de son acier tranchant.
Robak, suivant ainsi d'un regard attachant

Gervais silencieux, lui dit à l'improviste :
« Hyacinthe, c'est moi, le hardi duelliste ! »

Le porte-clefs chancelle, à ces mots, et pâlit ;
Son corps penché, pareil à la roche en granit,
Détachée au sommet, en sa marche arrêtée,
Se portait en avant sur sa jambe arc-boutée.
La bouche large ouverte et le poil hérissé,
Montrant toutes ses dents, le regard courroucé,
Il cherche à dégaîner sa massive rapière
Qui, prise en ses genoux, s'agitait en arrière.
Il ressemblait alors au loup cervier-blessé,
Prêt à fondre de l'arbre où le monstre est placé,
Qui se ramasse en boule, ayant des yeux terribles,
Bat ses flancs de la queue avec des cris horribles,
Bat ses flancs de la queue avec des cris horribles.

« Sieur Gervais, dit le moine en paix, je n'ai plus lieu
De fuir votre colère, appartenant à Dieu !

Je vous supplie, au nom du Christ, sauveur du monde,
Qui bénit ses bourreaux, à sa mort si féconde
En divins résultats pour notre humanité,
Pardonnant au larron en toute éternité !
Écoutez avec calme, avant ma fin prochaine,
Mes aveux sans détour, ma confession pleine,
Entière. Accordez-moi, pour mon soulagement,
Le pardon de mon crime, expié durement ;
De grâce, entendez-moi, croyant à ma franchise,
Et vous pourrez ensuite agir à votre guise ! »

Il joignit, à ces mots, les deux mains pour prier.
Le porte-clefs surpris, roide comme un pilier,
Le regard flamboyant, remuait sa paupière,
Ne sachant maîtriser sa rage et sa colère.

Alors le moine se mit à raconter son ancienne liaison avec Horeszko, son amour pour sa fille, ses démêlés avec le panetier à ce sujet... Il parlait sans ordre, interrompant souvent sa confession par des soupirs et des cris de douleur. Il s'arrêtait parfois, comme s'il eût tout dit, et recommençait à parler.

Le porte-clefs, parfaitement renseigné sur l'histoire de Horeszko, complétait dans sa pensée les phrases interrompues; mais beaucoup de choses échappaient au juge. Tous deux écoutaient, attentifs et la tête penchée. La voix de Hyacinthe s'affaiblissait de plus en plus: il reprenait souvent haleine. .

« Rappelez-vous, Gervais, comme le panetier
Me recevait toujours bien, d'un ton familier,
Buvant à ma santé, jurant, dans son ivresse,
Qu'il m'avait, plus qu'un autre, en estime, en tendresse.
Tout le monde enviait la trop grande amitié
Qu'il me montrait. Pourtant il n'eut guère pitié
De l'amour éveillé dans mon âme sensible,
Le trouvant déplacé, ridicule, impossible...

Partout, dans la contrée, on jasait au sujet

De ma cour, du magnat dont j'étais le jouet,

Chuchotant que jamais je n'obtiendrais sa fille,

Osant franchir *un seuil trop haut pour ma cheville.*

Je riais le premier de la citation,

Disant que je n'avais pas cette ambition,

Que ma conduite était sans reproche et loyale,

Voulant prendre à l'autel, pour femme, mon égale.

Au fond, je me sentais l'égal du panetier,

Étant fier, jeune et brave, élégant cavalier,

Apte dans mon pays, par ma noble naissance,

A porter et couronne, et sceptre avec aisance !

Tenczynski n'a-t-il pas autrefois obtenu

Une union royale, à la cour reconnu

Comme gendre du roi?... De pareille origine,

Je pouvais m'allier à la pourpre... à l'hermine.

» Certe, il est bien aisé de chasser le bonheur

D'autrui dans un instant. Toute la vie à peine

Suffit pour ramener et fixer le flâneur,
Qui, disparu, revient rarement sur la scène.
Un mot du panetier nous eût rendus joyeux!
Peut-être maintenant, en vie et radieux,
Le fortuné vieillard, assis sous la ramée,
Embrasserait encor sa fille bien-aimée,
La charmante Ève, unie à l'époux de son choix,
Tenant sur ses genoux deux bambins à la fois,
Au lieu d'être l'auteur de misères communes,
Causant crime, malheur, désastres, infortunes...
Je n'ose l'accuser, moi, son vil meurtrier!
Mais, s'il avait voulu, Dieu! quelle différence
Dans tout notre avenir, notre destin entier!
Nous aurions pu mener une douce existence...

» Connaissant mon amour, s'il m'avait refusé
Franchement, m'engageant à cesser mes visites,
Irrité, mais, en somme, ainsi désabusé
De mes illusions, trop vain de mes mérites,

J'aurais pu m'en aller, peut-être avec éclat,
Oubliant après coup ma cour et mon débat...
L'orgueilleux, ne voulant croire à cette arrogance
Que j'osasse briguer une telle alliance,
Et me voyant servir ses projets et ses plans
Par l'art de lui gagner de nombreux partisans,
Semblait tout ignorer et m'invitait sans cesse,
M'accueillant avec joie et rempli de tendresse;
Mais, quand il me voyait des larmes dans les yeux
Et le cœur oppressé de désirs anxieux,
Le vieux me rappelait mes folles amourettes,
Les plaisirs accordés par de tendres coquettes;
Car, je dois l'avouer, entreprenant, hardi,
J'aimais la volupté gaîment, en étourdi.
Le panetier exprès m'en parlait devant Ève,
Me décochant son dard d'une voix forte et brève.
Sa fille rougissait d'une chaste pudeur...
Je n'osais plus après lui montrer mon ardeur...

Ah ! si son père avait souscrit à ma prière,
J'aurais changé ma vie et ma conduite entière,
A mon épouse uni par les liens d'amour ;
Tandis que mon orgueil blessé me fit, un jour,
Commettre un crime affreux, un forfait exécrable !...
Dieu ! vous avez béni l'âme du trépassé ;
Daignez prendre en pitié l'assassin misérable,
Qui souilla dans le sang un glorieux passé !...

» Quand il s'attendrissait, tenant en main son verre,
Il criait, m'embrassant, de sa voix de tonnerre,
Qu'il était mon ami fidèle et dévoué ;
Car il avait besoin des votes, le roué !...
A ma dévotion, à notre diétine,
Forcé de le serrer aussi sur ma poitrine,
J'étouffais de colère, et voulais lui cracher
A la figure, et puis de ces lieux m'arracher.
Mais j'étais retenu par un seul regard d'Ève,
Blanche et pure colombe, et l'ange de mon rêve,

Elle savait si bien deviner mes pensers,

Apprivoiser mon cœur, souriant volontiers

A mes serments d'amour, à ma galanterie,

Apaisant mon courroux et bridant ma furie!...

Elle fixait alors sur moi ses yeux d'azur,

Me faisait éprouver un sentiment si pur,

Qu'oubliant les dédains du père et ma souffrance,

Je restais impassible et calme en mon silence ;

Et moi, dans le pays célèbre ferrailleur,

Redouté des voisins, féroce batailleur,

Qui n'aurais pas souffert une parole injuste

De personne, du sang même le plus auguste,

J'étais là, par magie, humble, craintif à voir,

Ravi comme à l'aspect du très-saint ostensoir!...

» Je voulais par instant lui dévoiler mon âme,

Avouer humblement ma pure et sainte flamme ;

Mais, voyant son œil terne et son air glacial,

J'eus peur de lui montrer mon amour sans égal.

Et je continuais de plaisanter, de rire,
Cachant bien mon amour et n'en osant rien dire,
Par un fatal orgueil, pour ne pas déroger
Au nom des Sopliça, qui doit être étranger
A tout arrangement entaché de bassesse
Et de concession... Qu'aurait dit la noblesse
D'alentour, apprenant que le grand panetier
M'a refusé sa fille, à moi, le grand guerrier,
Le noble Sopliça, faisant servir à table
Un potage tout noir, en refus implacable?

» Enfin je résolus de quitter le pays,
Formant un escadron de compagnons, d'amis,
Et d'aller guerroyer bien loin, en Tatarie,
M'efforçant d'oublier l'amour et la patrie.
J'allai prendre congé de l'altier châtelain,
Dans l'espoir qu'au départ de son jeune voisin,
Son noble frère d'arme et compagnon de joie,
Cheminant côte à côte et sur la même voie,

L'intraitable vieillard se sentirait tenu
A me mieux accueillir que le premier venu,
Et qu'il me recevrait en membre de famille,
Pareil au limaçon, sortant de sa coquille...
N'eût-on qu'une étincelle au fin fond de son cœur
Pour un ami partant, éclairant la douleur
Des adieux, elle monte et brille à la surface,
Comme un dernier rayon, que la mort déjà glace :
Larme humide, luisant au moment solennel
Où l'on se dit adieu pour le temps éternel !...

» L'attrayante Ève en pleurs tomba sans connaissance,
Aprenant mon départ, de regrets, de souffrance ;
Plus tard, n'osant parler, son regard enflammé
M'apprit suffisamment combien j'étais aimé !...

» Je pleurai comme un fou, de bonheur et de rage.
J'allais, tout attendri, faire acte de courage,

Me jeter aux genoux du vaniteux vieillard,
Implorant sa pitié moins dure à mon égard,
Les étreindre, imitant du serpent la souplesse,
Et lui dire ardemment, pour gagner sa tendresse :
« Immolez-moi, mon père, ou daignez m'accorder
La main de votre fille... » Au moment d'aborder
Cet émouvant sujet, je fus cloué sur place
Par l'air du panetier, indifférent, de glace...
Froid comme un bloc de sel, il se mit à causer
D'Ève, qu'un prétendant désirait épouser...
Figurez-vous, Gervais, ma stupeur, ma détresse...
Je voulus l'étrangler alors, je le confesse!...
« Cher voisin, me dit-il, un riche castellan
Demande pour son fils ma fille en mariage,
Et voudrait les unir avant la fin de l'an :
Dois-je ou non accepter?... Aussi belle que sage,
Ève peut aspirer au plus brillant parti ;
Celui-ci ne me semble assez bien assorti ;
Il n'a droit, au sénat, qu'au fauteuil honoraire...
Donnez-moi votre avis en cette grave affaire. »

Dans mon effarement, je ne répondis pas,
Et, sans le saluer, je m'enfuis à grands pas.

« — Une pareille excuse, en âme et conscience,
Ne peut justifier votre atroce vengeance,
Dit Gervais : maintes fois un noble campagnard,
Devenant amoureux d'une riche héritière,
Fille d'un grand seigneur refusant le gaillard,
Enleva son amante à la barbe du père...
Mais dresser une embûche, et tuer lâchement
L'adversaire, employant l'aide des Moscovites!...
— Non, jamais avec eux! reprit l'autre aigrement. »
— J'aurais pu ravir Ève et fuir hors des limites
Du district où trônait l'illustre panetier;
J'aurais pu démolir son beau castel princier,
Assisté du concours de mes bons camarades,
Les nobles de Dobrzyn et quatre autres bourgades
Mais Ève n'avait pas le cœur, la volonté,
De braver son vieux père et son autorité;

Elle n'était pas femme à prendre ainsi la fuite,
Et vivre dans les champs, évitant la poursuite,
Sans avoir peur des gens, du tumulte et des cris,
Des armes écoutant le bruyant cliquetis.
D'une frêle nature, aimante mais timide,
Et captive au château comme une chrysalide,
L'arracher à son nid, c'eût été la tuer;
Faible, elle n'aurait pu jamais s'habituer
Aux efforts de la lutte, à l'éclat du voyage,
Au désespoir du père écumant dans sa rage!...

» M'emparer du château par force, ouvertement,
Et le réduire en poudre, on le pouvait vraiment;
Mais la foule aurait dit que c'était une honte
De me venger ainsi du refus, du mécompte
De n'avoir pas su plaire à ce père insensé,
De n'avoir obtenu la fille en mariage...
Comprends-tu quel enfer contient un cœur froissé,
Gervais, toi dont l'esprit est si droit et si sage?...

Le démon de l'orgueil mortellement blessé
Me suggéra le plan de supporter l'offense,
En taisant le motif, d'ajourner ma vengeance,
D'oublier mon amour, l'extirpant de mon cœur,
D'en épouser une autre en mon dépit menteur,
Et d'inventer plus tard quelque bonne querelle,
Pour punir l'insolent, le père de ma belle...

» J'épousai sans amour une femme au hasard,
Pauvre innocente enfant, la mère de Thadée ;
Et je crus, au début, avoir ôté le dard
De mon cœur ulcéré. Vaine et fatale idée !...
J'en fus aussi bientôt cruellement puni.
Ma femme, étant vraiment bonne, douce et candide,
Ne put donner le change à mon cœur désuni,
Fidèle au souvenir d'Ève chérie, avide
Et jaloux de ravoir le bonheur envolé.
Ni labeurs, ni travaux, ni les soins du ménage
Ne purent occuper mon esprit désolé ;

Je devins insensé, capricieux, sauvage,
Insupportable à tous, fantasque et querelleur,
Me livrant aux excès... et je finis par boire.
Bref, ma femme mourut de chagrin, de douleur,
En me laissant un fils, gage de sa mémoire...

» Je portais dans mon cœur l'incessant souvenir,
M'accompagnant partout, de mon Ève adorée ;
Le temps ne put dompter l'âpreté du désir,
Et je voyais toujours son image éplorée.
Buvant, dans mon ivresse, elle était devant moi ;
Vagabond, en tous lieux, je subissais sa loi ;
Maintenant, sous le froc, serviteur de l'Église,
Mourant, couvert de sang, j'en parle, l'âme éprise...
Je n'ai pas terminé. L'unique et seule fois
De ma vie, à vous deux ici présents, je dois
Vous révéler mon crime, action vile et basse,
Que me fit accomplir le sombre désespoir...
Mes frères ! priez Dieu qu'il m'accorde sa grâce,

Et m'éclaire à ma mort d'une lueur d'espoir!...

» Or, c'était justement après ses fiançailles;
Le père préparait d'augustes épousailles.
On disait tout bas qu'Ève, en recevant l'anneau
Des mains du Palatin, tremblant comme un roseau,
Prise de défaillance, avait gagné les fièvres,
Crachait le sang, ayant un fort délire aux lèvres,
Une extrême faiblesse, et parlait nuit et jour
De son bonheur perdu... Quelque secret amour...
Mais le grand panetier, calme, joyeux, tranquille,
Invitait à ses bals ses amis d'alentour,
Hormis moi, devenu désormais inutile,
Car en m'abrutissant par le vin chaque jour,
J'étais un triste objet de dégoût pour le monde,
Par mes dérèglements et ma conduite immonde.
J'avais eu, dans le temps, un pouvoir affermi
Au district par ma force et ma grande vaillance;
Le prince Radziwill m'appelait son ami!...
Moi, dont les frères d'arme acclamaient la présence,

Qui, lorsque j'allais faire une expédition,
De suite élu pour chef par toute la bourgade,
Avais mille guerriers sous ma direction,
Tenant tête aux seigneurs surpris de ma bravade...
J'étais alors hué, montré par les enfants
Au doigt, et déclassé par mes déportements;
Hyacinthe le beau, devenu la victime
De l'orgueil, se plongeait dans la fange et le crime!... »

Le moine exténué s'affaissa sur son lit.

« La justice divine est infaillible, dit
Gervais ému. C'est vous, le guerrier sous la bure,
Menant une existence humble, chétive et dure,
Vous que j'ai vu jadis beau, jeune et sémillant,
Envié des seigneurs, à la guerre vaillant,
L'amoureux chevelu dont raffolaient les dames,
Le héros vigoureux, illustré par vingt drames!...
Vous si vaillant naguère... et si vieilli, mon Dieu!...
J'aurais dû reconnaître, à votre coup de feu,

Le chasseur renommé de la Lithuanie,
Et l'égal de Mathias au sabre, qu'il manie
Avec tant de puissance et tant d'habileté,
Celui dont on chantait l'audace et la fierté :

Quand le Chevelu frise sa moustache,
Et redresse en l'air son brillant panache,
De peur on frissonne, on tremble d'effroi,
Fût-on Radziwill, Jagellon ou roi!

» Votre bras fut terrible à mon seigneur et maître!
Je vous retrouve moine, errant, mais toujours traître.
La bure du quêteur n'arrête pas ma main;
J'ai juré de venger, et ce n'est pas en vain,
Le sang pur, glorieux de la noble victime!... »

Se levant, Robak dit, dans un élan sublime :
« Dieu, s'il est sans pitié, saura bien me punir;
Fais comme tu l'entends, mais laisse-moi finir.

Possédé par le diable, en proie à la folie,
D'étranges cauchemars la cervelle assaillie,
Je rôdaillais, un soir, aux abords du château,
Et maudissais son maître à l'égal d'un bourreau
Qui torturait sa fille et causait ma ruine!...
Rêvant à me venger, pressant ma carabine,
Je me disais : Comment! le monstre réunit
De nombreux invités, danse et se divertit,
Boit gaîment au chevet de la pauvre malade,
Sans voir à son banquet s'écrouler la façade
De son castel maudit!... Où donc est le bon Dieu?...
A ce même moment, les Russes en ce lieu,
Débouchant du ravin, attaquent les murailles;
Les voyant, je me tins blotti dans les broussailles,
N'étant pas leur complice... On l'a dit, je le sais;
Mais c'est une perfide et lâche calomnie!...
Puis, gagnant les roseaux qui couvrent les marais,
J'assistai, l'arme au bras, à cette vilenie,
Immobile, rempli de joie et de stupeur,
Savourant ma vengeance et frissonnant de peur

Pour les jours de mon Ève, à la mort exposée,
Près du hautain vieillard, qui l'avait refusée...

» Vous vous défendiez certe en lions, vaillamment.
Les Russes reculaient, saisis d'abattement.
Voyant de près alors leur honteuse retraite,
J'enviais le vieillard infligeant leur défaite;
Car, délaissant leurs morts, ils fuyaient sans oser
Tirer... Les maladroits ne savaient pas viser!...
Je voulais m'éloigner... Le jour venait de poindre,
Quand je vis votre chef sortir pour vous rejoindre.
Il paraît au balcon, lance autour son regard,
Semble me reconnaître en dépit du brouillard,
Sourire et me narguer de sa mine insolente;
Furieux, le visant, je pressai la détente...

» Oh! maudite arme à feu!... Frappant avec le fer,
On attaque à loisir ou l'on pare en éclair;

On pare prudemment les coups de l'adversaire,
On peut le désarmer, sans le coucher par terre;
Tandis qu'ayant en main le fusil infernal,
Rien qu'un doigt, le coup part... Plus de remède au mal!

» Ai-je tenté de fuir, quand, m'ajustant de l'arme,
Vous fîtes feu sur moi de votre mousqueton?...
Ferme et sans faire un pas, j'attendis sans alarme,
Cloué par la douleur, roide comme un bâton.
Gervais, si vous m'aviez alors tué sur place,
Vous m'auriez fait, mon cher, la plus insigne grâce!...
Ma vie entière après ne fut qu'un lourd fardeau... »

La respiration lui manqua de nouveau...

— Dieu m'est témoin, dit Gervais, que j'ai voulu toucher. Combien de sang ce meurtre n'a-t-il pas fait couler! Combien de malheurs n'a-t-il pas attirés sur nos deux familles! Et tout cela par votre faute, maître Hyacinthe... Mais quand aujourd'hui les chasseurs ont ajusté le comte, le descendant des Horeszko, bien que par les femmes, vous l'avez couvert de votre corps; et quand le bataillon russe a fait feu sur moi, vous m'avez jeté à terre, en nous sauvant ainsi la vie à tous les deux. S'il est vrai que vous soyez prêtre, votre robe vous garantit de mon canif. Adieu donc! Je ne repasserai plus le seuil de votre porte; nous sommes quittes. Laissons Dieu disposer du reste.

☆

Robak tendit la main qu'il refusa de prendre.

« Je ne saurais, dit-il, à ce point condescendre :

Me réconcilier avec le meurtrier

De mon chef vénéré, l'illustre panetier,

Par motif personnel et non pour la patrie!... »

Pâle, affaibli, tournant sa figure amaigrie

Vers le juge, le moine appelle le curé,

Et s'adresse à Gervais, suppliant, altéré :

« Monsieur le porte-clefs, par pitié pour mon âme,
Pardonnez-moi mon crime! Accueillez bien la flamme
De mon esprit, dernière étincelle qui luit!...
Car, je le sens, Gervais, je mourrai cette nuit. »

Le juge s'écria : « J'ai vu votre blessure,
Cher frère, elle n'est pas grave, je vous assure.
Le prêtre est inutile; il nous faut un docteur
Qui vienne examiner la plaie en profondeur,
Et voir soigneusement si la balle est restée.
— Mon frère, il n'est plus temps. La chair est affectée
D'un incurable mal;... car, depuis Iéna,
J'en souffre, dit Robak... Atteint de nouveau là,
Je ne puis plus trouver nulle aide en la science.
Ce soir même ou demain, pour ma pauvre existence
S'ouvrira par la mort l'éternel avenir;
Monsieur le porte-clefs, laissez-moi donc finir.

Pour un cœur orgueilleux, c'est vraiment un mérite
De tenir à prouver, de façon explicite,
Qu'il n'a pas dévié du devoir le plus strict,
Quand il est accusé, dans son propre district,
Et nommé par les gens parjure à sa patrie.
Le public, unissant insulte et raillerie,
M'appelait lâche, ivrogne et traître à mon pays.
Mes chers concitoyens me marquaient leur mépris;
Amis et compagnons évitaient ma présence,
Les craintifs s'enfuyaient, par peur ou défiance;
Le moindre paysan, le juif le plus abject,
Tout en me saluant, me trouvaient l'air suspect.
L'injure m'obsédait partout en rebuffade,
Comme un point noir volant devant un œil malade.

» Je suis resté pourtant fidèle à mon pays.
Les Russes ont voulu me séduire au logis;
Concédant les grands biens du défunt à ma race,
On m'offrit dignités, pouvoir, fortune et place,

Pourvu que je devinsse un Russe, un apostat!
Si je l'avais fait, certe, après mon attentat,
On aurait oublié mes fautes et mon crime;
Riche et puissant, de tous j'aurais gagné l'estime;
Les illustres magnats brigueraient ma faveur;
La petite noblesse, enviant mon bonheur,
M'aurait flatté, soumise, et la foule ignorante
Bien bas eût salué mon étoile brillante,
Quoiqu'elle n'aime pas les traîtres... J'aurais pu
Agir ainsi; pourtant je ne l'ai pas voulu...

» Je quittai le pays, errant à l'aventure...
Oh! combien j'ai souffert, Dieu! de ma flétrissure!...

» Le Seigneur m'indiqua, dans sa grande bonté,
Le moyen d'amoindrir ma culpabilité...

» Ève et son jeune époux, chassés de leur patrie,
Moururent, exilés en pleine Sibérie...

Elle me confia sa fille unique en legs,
La petite Sophie, élevée à mes frais...

» Plus d'orgueil que d'amour émanait ma souillure ;
Pour mieux m'humilier, j'endossai l'humble bure
Du quêteur mendiant. Connu par ma fierté,
Je sus courber la tête avec humilité,
Sous le nom de Robak [1]. Pareil au ver de terre,
Dans l'ombre j'ai caché ma vie et ma misère.

» A l'accusation de lâche trahison,
Je promis de répondre, en justice et raison,
Par un louable exemple, un noble sacrifice,
Défendant mon pays, fidèle à son service,
Non pas pour acquérir la gloire ou les honneurs,
Mais perdu dans les rangs des simples serviteurs.

---

[1] En polonais, un *ver*.

Où? comment? en quel lieu? Permettez de le taire.
J'affrontais les dangers en soldat téméraire,
N'ayant plus de famille, en ce monde isolé,
Portant dans les combats un esprit désolé.
Au lieu de vous parler d'actions éclatantes,
J'aime mieux rappeler les scènes émouvantes,
Mes souffrances de cœur..., des faits mystérieux.

» J'ai réussi parfois à rentrer en ces lieux,
Porteur d'ordres du camp à quelque patriote :
On connaît bien ici mon froc et ma calotte;
De même en Gallicie et dans le grand-duché [1].
Saisi par les Prussiens, à la chaîne attaché,
J'ai végété des mois dans une forteresse.
J'ai longtemps éprouvé des Russes la rudesse,
Tourmenté par leurs chefs et de verges frappé.
Les Autrichiens m'ayant, à leur tour, attrapé,
Me tinrent au Spielberg, dans leur prison infâme...

[1] Le grand-duché de Varsovie.

Et comme par miracle aux périls échappé,
Me voilà près des miens, consolant ma pauvre âme
Réjouie, à ma mort, par les saints sacrements...

» J'ai mal fait aujourd'hui d'exciter trop les gens
A l'insurrection. La bienheureuse idée
De vous voir les premiers, toi, mon frère, et Thadée,
Lever notre bannière, affranchir le pays,
M'a fait croire trop vite à de trompeurs avis.
C'était, dans son principe, une pure pensée;
Mais mon orgueil l'a trop, peut-être, caressée...

» Si vous avez voulu me châtier vraiment,
Vous avez réussi comme aveugle instrument
Des décrets du Seigneur. Il trancha par votre arme
Mes plans et mes projets, détruisit tout le charme
D'un grand complot ourdi par moi depuis longtemps,
Vous l'avez éventé, en soulevant les gens

De Dobrzyn, dans un but d'affaire personnelle ;
Le succès a manqué par leur folle querelle.
Je pardonne aisément, mais grand fut votre tort !
Pardonnez-moi de même à l'heure de ma mort...

« — N'étant pas protestant, athée ou schismatique,
J'oublie et je pardonne au moment solennel
Où l'on va vous offrir le très-saint viatique,
Dit Gervais, lui tendant la main à son appel :
Dieu puisse, en sa bonté, vous recevoir au ciel !
Je vous confirai même une bonne parole
Touchant mon maître aimé, pour qu'elle vous console:
Quand le défunt tomba, mortellement blessé,
A genoux, dans mes bras le tenant enlacé,
Je trempai dans le sang coulant de sa blessure
Mon glaive, et je jurai de venger le mourant.
Ne pouvant plus parler, mon bon maître m'adjure,
Me montrant l'assassin d'un geste déchirant,
De bannir de mon cœur la rage meurtrière,

Et, respectant toujours sa volonté dernière,
De pardonner... il fait le signe de la croix...
Je compris son pardon ; mais, sous l'écrasant poids
De ma sombre douleur, je fis vœu de le taire,
Tâchant de massacrer son infâme adversaire... »

Robak, près d'expirer, souffrait immensément ;
On attendait toujours, dans un recueillement
Triste et muet, le prêtre avec la sainte hostie,
Quand résonne au perron la course ralentie
D'un courrier à cheval... Jaukiel entre, éreinté,
Et veut remettre au moine un paquet cacheté ;
Celui-ci le refuse et désigne son frère,
Pour qu'il lise la lettre, à voix distincte et claire.

Le général Fischer, adjudant-major chef
Dans le corps commandé par le prince Joseph [1],

---

[1] Prince Joseph Poniatowski, chef de l'armée polonaise.

Mandait que Bonaparte a déclaré la guerre
A la Russie, ayant, excepté l'Angleterre,
L'Europe entière à lui; que dans un temps prochain
On doit à Varsovie, en conseil souverain,
Proclamer l'union de la Lithuanie
Par la force et le dol du pays désunie...

En entendant ces mots, le moine épanoui,
Oubliant ses douleurs, par l'espoir réjoui,
Fixa les yeux au ciel, relevant la paupière,
Et dit avec extase une courte prière,
Attendri, l'œil humide : « Oh! daignez, à jamais,
Mon Sauveur, recevoir ma chétive âme en paix! »

Tous tombent à genoux, attendant, à la porte,
Le Très-Saint Sacrement que le vieux prêtre apporte.

Déjà la nuit fuyait, et le ciel étoilé
S'empourprait des rayons de l'astre encor voilé,

CHANT DIXIÈME.

Dont la splendide aurore, active messagère,
Répand sur la nature et couleur et lumière.
Pénétrant par la vitre, en dards de diamant,
Ils éclairent les traits du moribond, formant
Tout autour de sa tête une pure auréole,
De son entrée au ciel doux et brillant symbole.

CHANT ONZIÈME

CHANT ONZIÈME

L'ANNÉE 1812.

Terrible et chère année à tes contemporains!
Le peuple se rappelle encor ton abondance,
Les guerriers tes combats et tes vastes desseins;
Le vieillard en son cœur garde ta souvenance,
Le poëte inspiré te chante dans ses vers.
Par un astre annoncée au monde, à l'univers,
Fatal et chevelu, céleste phénomène,
Qui remplit de terreur l'intelligence humaine,

Ton printemps apportant aux Lithuaniens,

Avec ses doux rayons, des bruits quotidiens

De sauveurs attendus, de guerre et délivrance,

Fut salué par tous avec impatience,

Doute, joie et désirs parsemés de langueur,

Comme une nouvelle ère apportant le bonheur.

Dans les champs, le bétail renvoyé de l'étable,

Au lieu de rechercher la saveur désirable

Des guérets verdoyants, bien que maigre, affamé,

Se couchant sur le pré, mugissait, alarmé,

Ruminant, d'un air grave et lent, sa nourriture

D'hiver, de préférence à la verte pâture.

Le paysan aussi se rendait au labour,

Paresseux et craintif, sans chanter le retour

De la belle saison après l'âpre froidure,

Se livrant, inquiet, aux soins de la culture,

Car il n'était pas sûr de cueillir la moisson...

Retenant bœufs, chevaux attelés à la herse,

Il fixait le couchant d'une étrange façon,
Croyant à des on-dit d'origine diverse,
Qui prédisaient sous peu la guerre et ses fléaux;
Ou bien il observait le retour des oiseaux :
Revenue à son pin, la fidèle cigogne
Déployait sa blanche aile au pays de Pologne,
Étendard annonçant un précoce printemps.
A sa suite arrivaient, en escadrons bruyants,
Hirondelles en masse, à construire empressées
Leurs doux nids sur le bord des grandes eaux glacées,
Utilisant la boue en guise de ciment.
Les sauvages canards s'abritaient prudemment,
Le soir, dans les roseaux. De longues files d'oies,
Au-dessus des forêts cherchant au loin leurs voies,
S'abattaient par moments, pour goûter du repos
Et reprendre leur vol; migration d'oiseaux
Voyageurs. Bien plus haut, tout au fond de la nue,
On entendait le cri gémissant de la grue.
Les veilleurs s'informaient, la nuit, avec effroi,
Dans le royaume ailé d'où venait cet émoi...

Quelle en était la cause? Est-ce le vent, l'orage,
Qui ramenait si tôt les oiseaux en voyage?...

Avec les sansonnets, de nouveaux visiteurs,
Aux panaches flottants, descendaient des hauteurs,
Agitant leurs plumets. De la cavalerie
Aux habits inconnus, beaux dans leur symétrie,
Se déroule en serpent tout le long des coteaux,
En contours lumineux déployant ses anneaux.
Les nombreux escadrons, dans leur course rapide,
Se suivent au galop et sont d'aspect splendide;
On voit luire au soleil le bronze des canons,
Dans l'air vibre et résonne un bruit sourd de caissons,
Et dans les bois, encor cachée en galerie,
S'avance bruyamment toute l'infanterie.

Un souffle irrésistible, instinct impérieux,
Pousse, avec les oiseaux, tous ces groupes joyeux

Vers le septentrion. Hommes et chevaux, aigles
Et canons, nuit et jour, piétinent dans les seigles,
Précédés de la nue, illuminant les cieux
D'éclairs étincelants. Spectacle merveilleux!
Tout en haut, retentit la foudre, le tonnerre;
Sous les pas des guerriers tremble et gémit la terre.

La guerre avait troublé de son bruyant fracas
Des épaisses forêts les vastes solitudes;
L'humble habitant du nord, grandi dans ses frimas,
De tout temps étranger à d'autres latitudes,
N'ayant jamais franchi les limites des bois,
Y vivant, y mourant à l'abri de la croix,
Qui n'avait entendu que le bruit des tempêtes
Et le rugissement des fauves et des bêtes,
Ni vu d'autres humains que gardes et chasseurs,
Aperçoit tout à coup les signes précurseurs
D'invasion prochaine et de guerre terrible,
Qui va bouleverser ce pays si paisible.

Il voit une clarté, lueur sinistre, au ciel,
Puis le choc d'un boulet, frappant d'un coup mortel
Un arbre centenaire, et brisant son feuillage.
Le vieux bison, surpris, hurle dans le bocage;
Hérissant sa crinière, il se lève à demi,
Pose avec défiance un pied mal affermi,
Et regarde, étonné, le tourbillon qui passe.
Un obus errant siffle et sillonne l'espace;
Il tournoie, il éclate et remplit de stupeur
L'animal effrayé, qui va cacher sa peur,
Pour la première fois, dans les grands massifs sombres
Où ne sauraient l'atteindre éclats, bris et décombres.

Jeunes et vieux, criant : « Vive Napoléon! »
Disaient avec transport, se fiant à ce nom :
« Douter de nos succès serait un sacrilége;
Dieu bénit l'Empereur qui nous guide et protége.
O printemps de l'an douze! Époque d'espérance,
Riche en blés, en verdure, en combats, en vaillance,

Gros d'actions d'éclat, de faits prodigieux,
De chère illusion disparue à nos yeux!...
Je le vois aujourd'hui, comme un rêve splendide,
Pauvre ilote au berceau, mordant le frein rigide;
Dans ma vie éplorée, il fut un temps d'espoir,
Le seul que j'eus sur terre, aspirant à revoir
Mon pays, délivré de ses liens serviles,
Retremper sa puissance en actions viriles!...

Sopliça se trouvait près de la grande route par laquelle arrivaient, des bords du Niémen, le prince Joseph Poniatowski et le roi de Westphalie, Jérôme. Ils avaient déjà occupé une partie de la Lithuanie, depuis Grodno jusqu'à Slonime, quand le roi fit donner aux troupes trois jours de repos. Les soldats polonais, malgré leurs fatigues, étaient mécontents que Jérôme les empêchât d'aller en avant, tant ils brûlaient du désir d'atteindre les Russes au plus tôt.

Le quartier général du prince s'établit dans la ville voisine. Quarante mille hommes étaient campés autour de Sopliça, avec l'état-major et les généraux Dombrowski, Kniaziewicz, Ghiédroïc et Grabowski.

Ils arrivèrent tard, et chacun s'arrangea
Au manoir, au castel, pleins de monde déjà;
Ayant tracé le camp, posé les sentinelles,
Transmis l'ordre du jour, inspecté les gamelles,
Libres, les officiers du grand état-major
Se livrent au sommeil, véritable trésor
Pour leurs membres brisés. La nuit, règne un silence
Général, mais conforme aux règles de prudence;
Les patrouilles rôdant, le feu clair des bivouacs,
Parsemant les hauteurs tout autour des deux lacs,
Les *qui vive?* redits par les soldats de garde,
Assurent le repos, servant de sauvegarde.

Les convives et l'hôte, officiers et soldats
Reposaient; Wojski seul préparait le repas

Qui doit le lendemain éterniser la gloire

Du nom des Sopliça dans l'humaine mémoire,

Délectant le palais des chefs nationaux,

Et fêtant à la fois les accords nuptiaux

De trois couples promis, en l'auguste présence

Du héros Dombrowski, modeste en sa vaillance,

Qui désirait avoir un dîner polonais.

Pour disposer au mieux les mets les plus parfaits,

Wojski fit engager dans tout le voisinage

Les meilleurs cuisiniers ; se mettant à l'ouvrage

En personne, il revêt tablier, béret blancs,

Pour diriger en chef le travail de ses gens.

Il chasse d'une main les mouches inquiètes,

Et de l'autre mettant sur son nez des lunettes,

Il tire de son sein et lit un gros cahier :

Les indications du *Maître Cuisinier,*

Livre de choix donnant les meilleures recettes,

Pour servir avec art ragoûts et côtelettes.

A Rome, d'après lui, fut dressé le banquet,

Que le sieur de Teuczyn offrit, en fin gourmet,
Au pape Urbain[1], surpris de sa grande élégance ;
Le prince Radziwill, dont la magnificence
Est passée en proverbe, hôte aimable et parfait
Ayant le roi chez lui, l'accueillant à souhait,
S'en servit pour donner une fête royale,
Que la chronique encor jusqu'à présent signale.

Aux ordres de Wojski, d'habiles cuisiniers
Travaillent avec zèle, à leur art familiers.
L'œuvre bout, les couteaux bruyants frappent les tables ;
D'espiègles marmitons, petits lutins ou diables
Courent de tous côtés, portant des brocs de vin
Et de crème, ou du bois qu'ils vont prendre au ravin.
Ils s'agitent gaîment, font bouillir les marmites,
A la pompe, aux soufflets prodiguent leurs mérites.

---

[1] Urbain VIII (Mathieu Barberini) régna de 1623 à 1644. Teuczynilli était auprès de lui ambassadeur de Pologne.

Pour donner plus d'activité à la flamme, Wojski ordonne de répandre sur les bûches du beurre fondu, luxe permis dans une maison opulente. Ceux-ci jettent dans le feu des fagots de branches sèches; ceux-là fixent sur les broches d'immenses quartiers de bœuf et de chevreuil, des filets de sanglier et de cerf; d'autres plument des monceaux de volaille dont le duvet s'élève comme un nuage, des coqs de bois, des coqs de bruyère et des poules. Mais il restait fort peu de ces dernières depuis l'assaut sanguinaire de Saksobrzynsk contre le poulailler, le soir de l'invasion. Il avait tout détruit dans les basses-cours de Soplica, n'en laissant pas une seule en vie pour la couvée. Dès lors, jamais Soplica ne put recouvrer son ancienne réputation de nourrir la meilleure volaille du pays.

Du reste, il y avait profusion d'autres viandes. Tout ce qu'il avait été possible de se procurer dans la maison, à la boucherie, dans les forêts, dans le voisinage, de près et de loin, tout était amoncelé dans la cuisine; il n'y manquait que du lait d'oiseau, comme dit le proverbe. Ainsi, les deux choses qu'un hôte hospitalier recherche surtout pour un repas à donner, l'abondance et le talent culinaire, se trouvaient alors réunies à Soplica.

Le soleil matinal émergeait des vapeurs,
Annonçant le saint jour de Notre-Dame aux fleurs
Dans l'air limpide et pur. Le temps était superbe;
D'un humide manteau la rosée ornait l'herbe,
Et le ciel se voûtait en beau dôme arrondi,
Comme une mer d'azur au fluide attiédi,
Laissant briller au fond quelques rares étoiles,
Blanches perles luisant dans le cristal des eaux.
Au bord de l'horizon cinglait à toutes voiles,
Naviguant dans l'espace, au-dessus des plateaux,
Un seul nuage blanc : tel un ange gardien
Qui, s'attardant sur terre aux désirs du chrétien,
Se hâte de rejoindre au ciel les saints archanges,
Glorifiant leur Maître en célestes phalanges.

Les astres étoilés déjà s'étaient éteints;
Le ciel clair pâlissait, un bord caché dans l'ombre,
Tandis qu'à l'orient, par le foyer atteints,
Brillaient d'un vif éclat ses atomes sans nombre;

Là, s'ouvrait un grand œil, à la prunelle en feu,
D'où jaillit un rayon, messager du bon Dieu,
Qui, traversant le ciel, court dorer le nuage.
A ce signal du jour, la clarté se dégage
Des ombres de la nuit. La lumière apparaît,
Luit, se croise en tous sens, et répand son attrait,
Émanant du soleil, montrant sa face entière,
Mais recouverte encor de la rougeur légère
Du sommeil, dont il a peine à se réveiller.
Il entre, ouvre ses cils, laissant s'éparpiller
Des rayons enflammés d'une couleur multiple,
D'ambre, rubis, saphir, dans leur vaste périple.
Il devient enfin clair, lumineux, scintillant
Comme une étoile fixe, et resplendit, brillant
Comme le pur cristal, nacré comme la lune,
Éclairant peuples, rois, d'une lueur commune.
Il s'avance, isolé dans l'infini des cieux,
Semant vie et chaleur, flamboyant, radieux...

Au lever du soleil, le bon peuple fidèle
En foule s'assemblait autour de la chapelle,
Attiré, dans l'espoir d'un miracle attendu,
Par la dévotion et le bruit répandu
Que nos chefs, commandant la troupe réunie,
Assisteraient, pour sûr, à la cérémonie ;
Nos braves généraux, dont les noms glorieux
Volaient de bouche en bouche, inspirant tous les vœux
Et l'admiration de la Lithuanie,
Par leurs fameux exploits, leur exil, leur génie.

A l'aspect des soldats, libres d'allure et gais,
Portant bien l'uniforme et parlant polonais,
La foule était ravie en extase, et charmée
D'avoir dans le pays une si belle armée.
Ne pouvant se placer dans la nef et le chœur,
Elle encombrait la cour dans sa grande ferveur,
Sur l'herbe agenouillée, et restant tête nue,
Couverte d'un poil blond, filasse chevelue,

Comme un champ de blé mûr, doré par le soleil,
D'où ressortait le teint rubicond et vermeil.

Sous les fleurs, les rubans, les fronts des jeunes filles,
Aux tresses retombant sur leurs formes gentilles,
Paraissaient des bluets ou des coquelicots,
Émaillant le blond seigle et fraîchement éclos.
Tout le monde s'incline au son de la clochette;
Tel un champ agité par la brise inquiète.
On offrait à l'église, à la Vierge, en présents,
Herbes fraîches et fleurs, prémices du printemps;
L'autel est décoré de bouquets, de guirlandes;
Ses abords sont remplis des pieuses offrandes,
Dont émane un parfum, une suave odeur,
Sur la foule à genoux, qui prie avec ardeur.

Après la messe et le sermon, le président sort du milieu de l'assemblée. Il venait d'être élu à l'unanimité maréchal de la confédération par les états du district. Il était revêtu de l'uniforme du palatinat : du justaucorps à broderies d'or, du surtout en gros de Tours, orné de franges, d'une large ceinture de brocart, à laquelle pendait un sabre à poignée de chagrin. A son cou brillait un bouton en diamants. Son bonnet carré blanc était surmonté d'un panache précieux, composé d'aigrettes de héron. On met aux grandes fêtes seulement ce riche bouquet dont chaque plume coûte un ducat. Ainsi vêtu, il se place sur un tertre devant l'église ; les villageois et les soldats se rangent en cercle autour de lui. Alors, prenant la parole :

« Mes chers frères en Dieu! le prêtre, de la chaire,
Vient de vous annoncer que l'Empereur et roi
Nous a d'abord rendu la liberté prospère
Au duché; maintenant, il en étend la loi
Aux Lithuaniens, complétant la patrie
Par la protection de la Vierge Marie.
Vous avez entendu les édits du pouvoir,

La convocation de la grande diète
Qui réalisera nos vœux et notre espoir.
Je veux de nos regrets être encor l'interprète
Pour le malheur récent de mes nobles amis,
Le juge et son neveu, seigneurs de ce pays.

» Vous savez en détail les erreurs et sévices
Du défunt Sopliça, renommé par ses vices;
Mais, connaissant déjà ses méfaits redoutés,
Apprenez maintenant ses belles qualités.
Les chefs ici présents ont eu la bienveillance
De me mettre au courant de sa rare vaillance.
Il n'est pas mort à Rome, ainsi qu'on l'avait dit;
Ayant changé de nom, d'existence et d'habit,
Il expia dûment ses péchés, ses faiblesses,
Par sa vie exemplaire et de grandes prouesses.
Certe, à Hohenlinden, Richepanse éperdu,
Ne voyant pas venir Kniaziewicz attendu
A son secours, allait opérer sa retraite,

Quand le brave Hyacinthe, autrement dit Robak,
Affrontant la mort, vint annoncer la défaite
De l'ennemi vaincu, pris à dos au bivouac,
Par Kniaziewicz, menant la troupe polonaise.
Plus tard, lorsqu'en Espagne, à la Somo-Sierra,
Nos valeureux uhlans, lancés dans la fournaise,
Prirent le pic d'assaut, des premiers il entra,
Blessé, dans la redoute, et préserva la vie
De son chef Krasinski, de sa main aguerrie.
Porteur d'ordres secrets, chez nous en mission,
Il prêcha pour le bien, l'ardeur et l'union,
Et périt, l'an passé, d'une mort enviable,
Repoussant des chasseurs l'attaque formidable.
Récemment décoré, que n'eut-il le bonheur
De recevoir, vivant, la Légion d'honneur
De l'illustre Empereur, siégeant à Varsovie,
Pour son zèle au service et des faits éclatants
De valeur!... Mais, hélas! il n'était plus en vie!...
Je vous fais donc savoir, à tous les assistants,
En vertu de ma charge, élu par la noblesse,

Qu'Hyacinthe expia crime et scélératesse
Commis dans son jeune âge, ayant bien mérité,
Par son grand dévouement et sa fidélité,
De l'auguste Empereur et de notre patrie;
Qu'il a droit à l'estime, et rentre en la série
Des dignes citoyens et des vrais chevaliers.
J'aime à le proclamer, et j'engage à la ronde
Nobles et grands seigneurs, bourgeois et roturiers,
— Car la loi maintenant, une pour tout le monde,
Régit également les gens de tout état, —
D'honorer le défunt, respectant sa mémoire,
Ne mettant plus sa vie et conduite en débat,
Sous peine d'action basse et diffamatoire,
Passible d'encourir la rigueur du statut,
Pour qui rejette gloire et noblesse au rebut.
Je charge le greffier d'enregistrer la chose,
Et l'huissier au forum divulguera la cause.
Quant à la croix d'honneur, reçue après la mort
Du glorieux héros, nous la mettrons d'abord,
En gage de respect, de récompense exquise

De feu frère Robak, sur sa tombe, en ce lieu ;
Puis nous la suspendrons, en relique, à l'église,
Offerte et consacrée à la Mère de Dieu. »

Otant de l'étui l'ordre, admiré par la foule
Empressée à le voir, le maréchal déroule
Son nœud rouge, et suspend au-dessus du caveau,
A la croix de Jésus abritant le tombeau,
La Légion d'honneur, dont l'étoile brillante,
Dorée au soleil, luit et rayonne, éclatante
Comme un dernier reflet de gloire du défunt,
De sa future vie au ciel divin emprunt.
Le peuple agenouillé récitait la prière
L'*Angelus,* à voix haute, en son élan sincère ;
Le juge, saluant et disant : « Au revoir »,
Invitait tout le monde au grand repas du soir.

Sur un banc de gazon, près de la maison blanche,
Protaze et Gervais, mis en habits du dimanche,

Causant, tenaient entre eux un grand broc d'hydromel
Et regardaient, buvant la liqueur du doux miel,
Un jeune et beau lancier, ressortant du feuillage,
Dont le tchapka doré, surmonté de plumage,
Scintillait au soleil. Pareille au romarin,
Une aimable fillette, en robe toute verte,
Aux yeux bleus de pervenche, au doux regard câlin,
Le fixait, souriante et la bouche entr'ouverte;
Ses compagnes, cueillant des fleurs dans le jardin,
Détournaient à dessein leurs yeux d'un air mutin,
Pour ne pas déranger l'amoureux tête-à-tête
Où le guerrier séduit achevait sa conquête.
Les deux vieux aspiraient avec ravissement
Du gros tabac, puisé dans une tabatière
D'écorce de bouleau; se l'offrant poliment;
Ils causaient du procès sans fiel et sans colère.

— C'est ainsi, mon cher Protaze, disait le porte-clefs Gervais.

— C'est ainsi, mon cher Gervais, répondait l'huissier Protaze.

— C'est ainsi, répétaient-ils plusieurs fois de concert, tout en hochant la tête en cadence.

Enfin l'huissier ajouta :

— L'heureuse fin de notre procès me remet en mémoire plusieurs exemples tout pareils. Je me rappelle des procès où l'on avait commis de plus grands abus que dans le nôtre, et où l'acte de mariage a tout concilié. Tel a été celui de Lopot avec les Borzdobohaty, de Mackiewicz avec les Odyniec, de Turno avec les Kwilecki, et bien d'autres encore. Les Polonais n'ont-ils pas eu des contestations avec les Lithuaniens pires que celles de Sopliça avec les Horeszko? Elles finirent pourtant à l'amiable avec le mariage de la reine Hedwige. Oui, certes, quand il y a des demoiselles ou des veuves à marier dans un des partis en brouille, un compromis ne tarde pas à survenir; tandis que les procès avec le clergé ou entre proches parents traînent plus en longueur, parce qu'il est mpossible de les terminer par un mariage. Voilà pourquoi a lutte entre les Russes et les Polonais dure indéfiniment, car ils descendent de deux frères : de Lech et Russ. De même nos nombreux procès avec les moines de l'Ordre teutonique ne cessèrent que par la victoire de Jagellon, le fer en main. Voilà pourquoi aussi le procès du sieur Rymsza contre les Dominicains dura si longtemps avant que l'abbé Dymsza, syndic du couvent, ne le gagnât en dernière instance; d'où vient le proverbe : « Notre-Seigneur est plus puissant que monseigneur Rymsza. » Et moi j'ajoute : « L'*hydromel* vaut mieux que le *canif*. »

A ces mots, il but à la santé du porte-clefs.

☆

« Oui, certes, c'est ainsi, reprit Gervais en feu :
Couronne et Grand-Duché[1], dont le destin varie,
Époux bien assortis, unis par le bon Dieu,
Sont disjoints par le sort frappant notre patrie.
Le Seigneur fait son œuvre, et Satan son travail;
L'un dit blanc, l'autre noir, tenant le gouvernail.
Nos chers concitoyens, guerriers de la Couronne,
Sont venus parmi nous, guidés par la Madone,
Pour agir de concert, et chasser les tyrans.

[1] Pour Pologne et Lithuanie.

Étant jeune, avec eux j'ai servi dans le temps,
Comme confédéré; je connais leur furie...
Si le grand panetier était encore en vie!...
Hyacinthe, hélas! s'est placé sur son chemin.
Mais, puisque de nouveau notre Lithuanie
S'unit à la Pologne, oublions le chagrin,
Et, pardonnant, fêtons l'accord et l'harmonie!

» — N'est-ce pas, dit Protaze, étrange et merveilleux
Qu'au sujet de Sophie, à laquelle Thadée
Fait la cour, l'an dernier, nous eûmes, en ces lieux,
L'augure que sa main lui serait accordée?...
— Dites mademoiselle, et non Sophie; ce ton
Est par trop familier pour quelqu'un de son nom,
Interrompit Gervais; d'une illustre origine,
Elle n'est plus enfant; elle a droit à l'hermine,
Fille de palatin, tenant au panetier
Par le sang de sa mère, un rejeton princier!...

» —Eh bien! reprit Protaze, oui, je vis le présage,

De son proche avenir, de son destin l'image.

Nous étions réunis, les gens de la maison,

A boire et bavarder en pareille saison,

Lorsque tombent du toit deux moineaux en bataille,

Deux mâles, gris et noir, égaux en force, en taille,

Prolongeant leur combat, à nos yeux, dans la cour.

Les lutteurs, acharnés et rivaux en amour,

Se déchiraient du bec, roulant dans la poussière;

Nous autres, spectateurs, nous les regardions faire,

Dans notre hilarité, leur donnant des surnoms :

Le noir fut Horeszko, le gris, par moquerie,

Fut nommé Soplica. Stimulant les brouillons

De la voix, nous formions autour la galerie,

Criant au noir plus fort : « Vivat pour Horeszko! »

Puis au gris triomphant :« Bien, Soplica! Bravo!

Conduis-toi vaillamment en brave gentilhomme,

L'égal des grands seigneurs, non leur bête de somme!»

Nous attendions ainsi quel serait le vainqueur,

Quand la belle Sophie, émue et prise au cœur,

Couvrit les champions de sa main secourable;
Mais ils luttaient encor sous sa protection,
Tant leur acharnement paraissait implacable!
Les commères, témoins de la collision,
Assuraient que Sophie aurait la mission
De réconcilier, par un lien sortable,
Deux races en querelle, en grave inimitié.
Le présage prédit la pure vérité;
Seulement on avait alors le comte en vue,
Non la cour de Thadée admise et bien venue. »

Gervais lui répondit : « Qui pourrait tout savoir?
Le destin de ce monde est cousu de mystère;
Expliquez-moi ce fait impossible à prévoir,
Tout aussi merveilleux que votre commentaire.
Vous connaissez ma haine et ma répulsion
Contre les Soplica; mais, par exception,
J'ai toujours eu du faible à l'endroit de Thadée.
J'avais plaisir à voir sa mine décidée;

Dans ses luttes d'enfant il triomphait toujours,

Fier, hardi, vigoureux, et venant au secours

Du plus faible opprimé. Plein d'adrese et d'audace,

Tout lui réussissait; le premier sur la glace,

Dénichant les pigeons au sommet de la tour,

Les oiseaux sur les pins, en rival du vautour,

Naviguant sur le lac, à la rame, à la voile,

Sachant tout faire, né sous une heureuse étoile;

Je regrettais qu'il fût un Sopliça, vraiment,

Sans prévoir qu'il serait mon maître ici, l'amant

Et l'époux de Sophie, un ange des beaux rêves! »

Ils cessent de causer, et, buvant à longs traits,

Ne laissent échapper que ces paroles brèves :

« C'est ainsi, sieur Protaze! — Oui, certes, sieur Gervais, »

Le banc de gazon sur lequel ils étaient assis touchait à la cuisine, dont les fenêtres ouvertes laissaient échapper une fumée aussi épaisse que celle d'un incendie. Tout à coup, au milieu de ces tourbillons, apparaît, comme une blanche colombe, le casque de coton du général en chef de la cuisine. Le cou tendu à la fenêtre, au-dessus des têtes des deux vieillards, Wojski écoutait en silence leurs propos; puis il leur présenta des biscuits sur un plateau, en leur disant :

— Arrosez cela de votre hydromel... Et moi aussi, j'ai à vous raconter l'histoire curieuse d'une dispute qui devait se terminer par un combat sanglant. C'était lorsque Reytan, en chassant dans les forêts de Naliboki, joua au prince de Nassau un tour qui faillit lui coûter la vie. J'ai réconcilié ces messieurs, je vais vous dire comment...

Mais il fut interrompu par les cuisiniers, qui lui demandèrent des ordres pour couvrir la table. Wojski s'éloigna; les vieillards burent un coup d'hydromel et, pensifs, reportèrent leurs regards sur le jardin.

Le svelte et beau lancier causait sous la charmille,
Une main en écharpe, avec la jeune fille,
Sans doute ayant été blessé dans un combat,
Et parlait avec feu d'un sujet délicat :

CHANT ONZIÈME.

« Chère Sophie! il faut me dire en confiance,
Avant de m'accorder votre anneau d'alliance,
Le sentiment réel que vous avez pour moi.
Vous vouliez gentiment me donner votre foi,
Au moment des adieux, l'automne avant la guerre.
Vous ne l'avez pas fait, cédant à ma prière;
Car, trop fier pour briguer un accord imposé,
J'ai préféré partir, libre et le cœur brisé,
Aspirant au bonheur d'avoir votre tendresse,
Cherchant à mériter l'attrayante promesse
D'un amour partagé, mais provenant du cœur,
Sans nulle pression... donnée avec candeur.
Je veux vous obtenir de votre bienveillance
Sincère à mon égard, non de l'obéissance
Aux vœux de votre tante ou de l'oncle tuteur,
Qui veulent bien me voir sous un jour trop flatteur.
Consultez franchement votre cœur adorable,
N'écoutant que lui seul. Oh! s'il m'est favorable,
Rendez-moi fortuné, grâce à votre bonté,
En enchaînant ma vie à votre volonté.

Si la froide amitié seule y trouve une place
Pour moi, faites-m'en part loyalement, en face;
Je saurai respecter votre décision,
Ajournant à plus tard le projet d'union.
Rien ne presse d'ailleurs; placé dans la réserve
Pour soigner ma blessure au bras droit, qui m'énerve,
Je reste dans ces lieux jusqu'à ma guérison;
Je puis attendre encore, en taisant la raison... »

Sophie, en rougissant, de son regard candide
Fixa le beau lancier, et dit d'un ton timide :
« Je ne me souviens plus des divers incidents
Du passé, mais je sais que mes nobles parents,
Ma tante, et l'oncle aussi, m'engageaient à vous prendre
Pour époux, et qu'en fille humble, soumise et tendre,
Je devais écouter l'avis de mon tuteur,
Me fiant aux conseils de mon cher bienfaiteur... »
Puis, en baissant les yeux : « Au départ, reprit-elle,
Le soir, quand expira le père bernardin,
Que l'orage grondait, nuit terrible et cruelle!...

J'ai bien vu vos regrets, votre air triste et chagrin;
Des larmes dans vos yeux m'ont vivement touchée,
Prouvant votre bon cœur... Pour la vie attachée,
Priant, soir et matin, Dieu pour votre salut,
Je les voyais briller comme un pur attribut
De votre affection. Lorsque la présidente
Me fit passer, ayant l'agrément de ma tante,
Un hiver à Wilna, j'y pensais au manoir,
A ma chambre, où je vis votre image au miroir
Pour la première fois, où je vous dis adieu...
Je soupirais toujours, sans cesse, après ce lieu,
Où votre souvenir, pareil à la semence
D'une fleur ravissante, a germé tout l'hiver
Dans mon esprit ému, me donnant l'assurance
Que j'y retrouverais l'objet qui m'était cher!...
Mon rêve s'accomplit... Pleine de cette idée,
J'eus en bouche souvent le doux nom de Thadée.
Mes compagnes disaient que j'avais le cœur pris;
Si c'est vrai, de vous seul il pouvait être épris. »

Thadée alors, ravi de la jeune ingénue,
Pressa contre son cœur sa petite main nue,
Et, rentrant du jardin, ils allèrent, joyeux,
Vers le coin qu'ils avaient habité tous les deux,
La chambrette bénie, à dix ans d'intervalle,
Lui d'abord, en gamin, puis la jeune vestale...

✫

Le notaire s'y trouvait alors en merveilleuse toilette. Il servait une dame, sa fiancée, s'empressait de lui présenter des bagues, des chaînes, des pots de pommade, des flacons, des poudres et des mouches. Ivre de joie, il jetait des regards de triomphe sur sa future. Celle-ci terminait sa toilette ; elle était assise devant un miroir, et consultait souvent ce conseiller des grâces. Les femmes de chambre étaient toutes occupées après elle ; les unes, des fers en main, réparaient le désordre de ses cheveux ; les autres, agenouillées, travaillaient aux falbalas de sa robe.

✫

Pendant que le notaire adressait à sa belle
De fades compliments, un chasseur, plein de zèle,
Vint prévenir qu'un lièvre était au potager;
Parti des joncs du lac, courant d'un pied léger
A travers la prairie, et passant sous la haie,
Il se bourrait de choux, tout près de l'oseraie;
On pourrait aisément l'attraper à loisir,
Postant des lévriers aux champs, pour le saisir

Le commissaire tient déjà Faucon en laisse;
Le notaire, accourant avec Courtaud, s'empresse
De se ranger en ligne en face de l'enclos;
Wojski place les deux avec les chiens rivaux,
A cent pas de distance, et franchit la clôture,
Pour chasser le gibier de l'ombreuse verdure,
Qu'il fouille à fond, sifflant et frappant dans les mains.
Les chiens, le nez en l'air, campés sur le terrain,
Dressent l'oreille au vent, tremblant d'impatience,
D'un regard anxieux demandant qu'on les lance...

Taïaut! Le lièvre part, les chiens, qui sont lâchés,
Se ruant d'un seul bond, à peine détachés,
Se jettent aux deux flancs de la bête ahurie,
Enfonçant dans la chair leurs crocs avec furie.
Le lièvre pousse un cri, gémissement plaintif
D'enfant qui vient de naître, et tombe mort captif;
Les chasseurs, arrivant, le trouvèrent sans vie,
Aux dents des chiens, joyeux de leur rage assouvie.

Ils caressent leurs chiens; Wojski prend un couteau de chasse qui pend à sa ceinture, coupe les pattes du lièvre, et dit:

— Aujourd'hui les chiens recevront égale curée; car leur gloire, leur agilité, leurs efforts, tout est égal entre eux. « Paç est digne de son palais, le palais est digne de Paç[1]; » les

---

[1] Le plus beau palais de Varsovie, appartenant à l'un des grands seigneurs de la Lithuanie, le général comte Paç, mort à Smyrne, a donné lieu à ce dicton.

chiens sont dignes des chasseurs, les chasseurs sont dignes de leurs chiens. Votre longue querelle devait finir ainsi. Choisi par vous pour arbitre, je prononce enfin mon arrêt : Vous avez gagné tous les deux ; je rends à chacun son enjeu, et vous prie de signer l'accord.

Cédant aux désirs du vieillard, les chasseurs tournent l'un vers l'autre leurs visages radieux, et se serrent la main avec cordialité.

« Messieurs, dit le notaire, un cheval tout sellé
Fut mon enjeu naguère, et je promis encore
Au cher juge une bague à chaton étoilé,
Prix de son jugement. Je le prie et l'implore
D'accepter ce présent, en joyeux souvenir
De notre gai pari. Sur la pierre, à loisir,
On peut graver son nom, son blason de famille ;
Elle est en cornaline, et de l'or fin qui brille.
Les lanciers en remonte ont pris mon destrier ;
Je n'ai que le harnais, équipement princier,

La selle luisant d'or, de pierres précieuses
La housse et le coussin d'étoffes merveilleuses ;
Tout connaisseur en vante et la solidité,
Et l'ouvrage parfait, et la grande beauté.
Entre les deux pommeaux assis, on est à l'aise
Sur l'édredon moelleux, comme sur une chaise,
Et quand vous galopez, le splendide attirail
Resplendit au soleil par son exquis travail,
Comme si l'or coulait de la riche monture,
Ruissselant et parant la noble créature.
Les larges étriers, fabriqués en vermeil,
Étoiles, ornements d'un éclat sans pareil,
Croissant sur le poitrail, boutons de nacre aux rênes,
Topazes et grenats, turquoises par centaines,
Tout fait de ce harnais un magnifique objet,
Conquis, à Podhaïcé [1], sur un pacha coquet.
Prenez-le, commissaire, en gage de l'estime
Que pour vous et Faucon je ressens et j'exprime. »

[1] Bataille gagnée sur les Turcs par le roi Jean Sobieski, en 1667.

Le commissaire ému répondit avec feu :
« Vous me comblez, monsieur ! Moi, j'avais mis au jeu
Deux beaux colliers de chien, joignant force et souplesse,
Avec une superbe agrafe sur la laisse,
En chagrin noir, garni de fourrure et clous d'or,
Présent de Sanguszko, joyau de son trésor ;
Je voulais le léguer, en splendide héritage,
Aux enfants à venir de l'heureux mariage
Que je fais aujourd'hui ; mais daignez l'accepter
En échange du don royal et magnifique,
Qu'il ne saurait, pour sûr, dignement acquitter,
Souvenir de la lutte, ardente et pacifique,
Terminée à l'honneur de nos deux lévriers,
Émules à la course et bons manœuvriers.
Tous deux ont triomphé, remportant la victoire,
Et nous ont réunis dans la paix et la gloire. »

Ainsi finit enfin l'âpre rivalité
De Faucon et Courtaud, égaux en qualité.

On se disait à l'oreille que Wojski avait élevé ce lièvre à la maison, et qu'il l'avait lâché en cachette dans le jardin afin de faciliter l'accord des chasseurs. Le bon vieillard aurait agi avec tant de mystère, qu'il aurait réussi à tromper tout Sopliça. Plusieurs années plus tard, un marmiton en laissa transpirer le soupçon, dans le dessein de brouiller de nouveau le notaire et le commissaire; mais il chercha en vain à diffamer les deux lévriers; Wojski nia tout, et personne ne crut le dire du marmiton.

Les hôtes assemblés, attendant le repas
Dans la salle à manger, défilaient à grands pas
Et devisaient entre eux, quand on vit apparaître
Thadée avec Sophie, au bras du juge et maître
De céans, revêtu de l'habit d'apparat,
L'uniforme nouveau de son palatinat.

Thadée alors leva la main au front, pour faire
A ses chefs réunis le salut militaire;
Sophie au doux regard, rougissant de pudeur,
Leur fit la révérence empreinte de candeur.
La robe qu'elle avait le matin, à l'église,
En offrant à la Vierge une gerbe de fleurs,
Recouvrait ses appas; une couronne exquise
D'herbes vertes au front, sur ses traits enchanteurs,
Leur prêtait un grand charme, une grâce nouvelle,
Rehaussant sa beauté fine et gracieuse. Elle
Présentait d'une main des fleurs aux généraux,
Et de l'autre tenait, sur la simple coiffure,
La serpette d'acier, remplaçant les ciseaux,
Pour cueillir des bouquets aux buissons de verdure.
Les convives, séduits par sa simplicité,
Venaient baiser sa main avec urbanité,
Pour la remercier, chacun, des fleurs offertes;
Les saluant alors à tour de rôle, certes
Elle inspirait l'amour et l'admiration.

Tout à coup Kniaziewicz, général d'action,
Baise l'enfant au front, — caresse paternelle,
L'enlevant dans ses bras, place la jouvencelle
Sur la table, applaudi par tous les assistants,
Ravis de sa beauté, du costume du temps
Vraiment national, si cher à leur mémoire,
Quand loin de leur pays, ils se couvraient de gloire
Car il leur rappelait leurs premières amours,
Au temps de leur jeunesse, en de simples atours.
Ils se pressent, émus, tout autour de la table
Trouvant bonne l'idée, et Sophie adorable,
La suppliant, les uns, de relever les yeux,
D'autres, de vouloir bien tourner un peu la tête;
Honteuse, elle obéit, pour amuser les vieux,
Intimidée, au fond, d'avoir fait leur conquête..
Thadée, en pleine extase et ravi dans son cœur,
La regarde, charmé, tout fier de son bonheur.

Par l'instinct merveilleux, qu'a la femme à tout âge,
De trouver ce qui va le mieux à son visage,

Sophie avait gardé son simple vêtement,
Pour la première fois se montrant insoumise,
Résistant à sa tante, avec entêtement,
Qui voulait lui voir prendre une toilette exquise
A la mode, étalée à son ordre, à son choix ;
Elle prit, malgré tout, son habit villageois.

Sa blanche et longue jupe, une courte tunique,
Tissu de laine verte, au corsage pareil,
Retombait sans un pli, simplement à l'antique,
Étant garnie autour d'un liséré vermeil ;
Le corsage, devant, lacé sur la poitrine
D'un ruban, rouge aussi, pressait sa taille fine,
Et laissait deviner de gracieux appas,
Charmants boutons de fleurs cachés dans le feuillage ;
Les manches et le col, très-amples sur les bras,
De la blanche chemise — on dirait du laitage —
Sont serrés d'une tresse aux poignets, sur le cou,
Que parent des grains d'ambre, en guise de bijou ;

Les deux pendants d'oreilles, en noyaux de cerise,
Représentant deux cœurs par la flamme embrasés,
Travaillés avec art, de l'amour la devise,
Furent offerts par Sak et par lui composés,
Quand il faisait la cour à la jeune fillette;
Sur son front virginal, orné de romarin,
Arme des moissonneurs, reluisait la serpette
Recourbée en croissant, d'un éclat argentin,
Pareille à l'attribut de la chaste Diane,
Animant la fraîcheur de son teint diaphane.

Tout le monde applaudit. Un brillant officier
Retire de sa poche un album ou cahier,
L'ouvre, prend un crayon, le taille et mouille aux lèvres
Pour esquisser Sophie, en figure de Sèvres
Sur la table posée, et charmante à ravir.
Le juge reconnut, à l'empressé désir,
L'artiste et l'amateur, sous la riche épaulette
Du jeune colonel et sa mise coquette,

Sa royale frisée et l'habit de lancier,
Élégamment porté par le beau cavalier.

« Charmé de vous revoir, dit-il, illustre comte !
Malgré votre carrière étonnante et si prompte,
Je vois que vous avez, en tous lieux avec vous,
Et papiers et crayons, cultivant d'anciens goûts. »
En effet, le fier comte, entré dans la milice,
Avait de ses deniers armé, pour le service,
Un régiment complet, fourni gens et chevaux,
Et, s'étant distingué dans la première affaire
Par sa grande bravoure, il fut, à ce propos,
Du coup fait colonel dans la troupe légère.
Le juge débitait ses compliments en vain
Au comte, indifférent et tout à son dessin.

Entre le second couple, autrefois serviteur
Du Tsar, le commissaire, aujourd'hui zélateur

Fervent de l'Empereur, chef de gendarmerie,
En uniforme bleu, les cocarde et plumet
Aux couleurs rouge et blanc de la chère patrie,
Fait résonner son sabre essuyant le parquet,
Bien qu'il soit fraîchement depuis hier au service.
Au bras du fiancé, nommé chef de police,
Avance gravement sa dame, d'âge mûr,
La fille de Wojski, souriant au futur;
Celui-ci, délaissant l'aimable Télimène,
S'attacha par dépit, mais de cœur, à la chaîne
De sa promise, Thècle ayant, à quarante ans,
Des attraits non flétris, de l'esprit, du bon sens,
Elle était sage, active et bonne ménagère,
Possédait, comme dot, un village à son père,
Et du juge, en présent, un petit capital,
Riche et beau complément de son cœur virginal.

On attendait en vain une troisième paire;
Le juge impatient la demande instamment;

Mais on apprend, hélas! que l'amoureux notaire
A la chasse a perdu sa bague en diamant,
Et la cherche partout. — Au miroir empressée
A prendre ses atours, la belle fiancée,
Télimène, occupée à mettre son corset,
Malgré tout le désir de l'aimable coquette,
A l'hôte désolé fait part de son regret,
De n'avoir pas encore achevé sa toilette,
Le priant de s'asseoir, sans l'attendre, au festin,
Et promet de venir sans faute... vers la fin...

CHANT DOUZIÈME

CHANT DOUZIÈME

AIMONS-NOUS!

La porte, à deux battants ouverte avec fracas,
Laisse passer Wojski, canne en main, tête haute,
Montrant aux invités leurs siéges au repas,
En qualité d'ami, majordome de l'hôte.
En bonnet, digne et fier de son nouvel emploi,
De sa canne, à chacun il indique sa place
Au banquet, observant et l'usage et la loi,
Dirigeant le festin d'un coup d'œil perspicace.

Le président d'abord, en premier magistrat,
Et Maréchal[1] élu par le palatinat,
Prit le poste d'honneur : fauteuil à bras d'ivoire
Et cavalier d'argent brodé sur de la moire;
A sa droite, il avait l'illustre Dombrowski,
A gauche, Kniaziewicz, Paç et Malachowski.
Entre eux deux figurait la digne présidente,
Pour ses vaillants voisins aimable et prévenante.
Puis dames, officiers, nobles et campagnards,
Se placent à leur suite, entremêlant les sexes,
Chaque voisine ayant un lancier plein d'égards
Et d'amabilité pour ses désirs perplexes.

Le juge, s'inclinant, sortit, d'un air courtois,
Présider au repas des braves villageois,
Préparé dans la cour sur une longue table,
Où siégeait vis-à-vis le curé vénérable;

---

[1] Titre donné en Pologne aux présidents des diètes, des diétines et autres assemblées politiques.

Et Sophie et Thadée, en nouveaux bons seigneurs,
D'après l'usage ancien, servaient les travailleurs,
Eux-mêmes, sans s'asseoir, empressés avec grâce
A faire les honneurs à la foule vorace...

Les convives s'amusaient, en attendant les plats, à regarder un magnifique service dont le travail ainsi que la matière étaient d'un prix énorme. Une tradition rapportait que le prince Radziwill, surnommé l'Orphelin, l'avait commandé à Venise où il l'avait fait exécuter d'après ses propres dessins. Il représentait des sujets polonais. Disparu pendant les guerres contre les Suédois, il avait passé, on ne sait comment, dans la famille des Sopliça. Tiré ce jour-là du trésor, il ornait le milieu de la table, formant un cercle aussi grand que la roue d'un carrosse.

Il était entièrement couvert de conserves et de sucreries blanches comme la neige, imitant à la perfection un paysage d'hiver. Au milieu, s'élevait une immense forêt de confitures; sur les côtés, des bourgades, des villages couverts de sucreries glacées, en guise de frimas. Les bords étaient garnis de divers personnages en porcelaine, dans le costume polonais;

on eût dit des acteurs sur un théâtre. Ils avaient l'air de représenter quelque grave événement; les gestes étaient habilement rendus, les couleurs éclatantes; il ne leur manquait que la parole pour les croire vivants.

— Qu'est-ce que cela figure? demandèrent les hôtes avec curiosité.

Wojski leva sa canne, et, pendant qu'on servait l'eau-de-vie, se mit à parler ainsi :

« Sauf votre bon plaisir, très-illustres seigneurs,

C'est le tableau vivant des groupes d'électeurs

Occupés à voter, lors de nos diétines,

Fertiles en débats et luttes intestines.

Ayant trouvé la clef, je vais vous exposer

L'histoire que l'artiste a su poétiser :

A droite, est réunie une grande assemblée

De nobles, invités à faire un bon repas

Aux frais du postulant qui se tient dans l'allée,

Désireux d'être élu parmi les candidats.

Les groupes partagés, dont chacun délibère,

Écoutent l'orateur qui se tient au milieu,

Et que l'on reconnaît d'emblée à la manière

Dont il ouvre la bouche, à son regard en feu,

Au geste magistral. Il démontre, il explique

Et prône les vertus d'un client sympathique,

Tâchant, par son débit drôle et facétieux,

D'obtenir l'agrément d'auditeurs curieux.

Le patron, dans ce groupe, agrée à l'auditoire,

Bien impressionné par sa fougue oratoire.

Pour mieux entendre, l'un, en guise de cornet,

Tient la main à l'oreille; un second, en crochet

Redresse sa moustache, approuvant les paroles

De l'avocat joyeux, en songeant aux pistoles,

Prix de son éloquence et de l'élection

Du candidat briguant la députation.

» En revanche, là-bas, la foule a l'air hostile

Et s'éloigne en grognant, et taxant d'imbécile

Le client tout honteux de son peu de succès.

Voyez-vous celui-ci, qui le serre de près,
Veut lui fermer la bouche, écumant de colère,
Et du bras le menace en terrible adversaire?...
Cet autre, de son front, en taureau furieux,
Pense abattre et punir le jeune ambitieux.
Les sabres sont tirés; on se bat, on se taille;
Les peureux, s'esquivant, désertent la bataille.

» Un électeur prudent, resté seul à l'écart,
En homme impartial songe et médite à part :
A qui donner son vote?... Il hésite, il balance
Dans son incertitude et dans sa défiance.
Levant enfin les mains, tremblant d'émotion,
Il réclame du sort une décision;
Et les pouces tendus, soudain il les rapproche :
S'ils se croisent, dit-il, votons *pour,* sans reproche;
S'ils ne se touchent pas, alors il dira *non,*
Votant contre celui qui présente son nom.

» A gauche, autre tableau pris dans le réfectoire
D'un couvent, devenu salle d'élection :
Les plus vieux sont assis, réunis en prétoire;
Les plus jeunes, debout, contrôlent l'action
Du Maréchal, au centre, en main tenant un vase,
Dont il tire, en comptant, boules ou bulletins.
Le compte est achevé; l'huissier, avec emphase,
Proclame l'heureux nom de l'élu des scrutins,
Sous le regard ardent de la foule, anxieuse
De savoir le vainqueur de la lutte fiévreuse.

» Du *liberum veto* turbulent champion,
Un électeur proteste, et combat l'union.
Observez-le, fuyant de la salle à l'office.
La bouche grande ouverte et l'œil plein de malice
Prouvent qu'il est sorti, beuglant, *ab irato,*
Pour ruiner l'accord et la paix : « Non! *Veto!* »
Les nobles après lui, bondissant de colère,
Dégaînent avec rage et sabre et cimeterre.

» A leur rencontre avance, à pas lents, le prieur,
Le vieux prêtre en chasuble, avec le saint ciboire,
Au son de la clochette annonçant le Seigneur,
Qui s'offre aux pénitents sublime dans sa gloire!...
Les combattants émus, rentrant l'arme au fourreau,
Tombent agenouillés soudain sur le carreau;
Au signe du bon moine, et tapage et tumulte
S'apaisent par magie, à son pouvoir occulte;
Oubliant leur discorde aussitôt, à la fois
Se prosternant, ils font le signe de la croix.

» La parole de Dieu jadis, dans nos querelles,
Suffisait à dompter les cœurs les plus rebelles.
Imitez nos aïeux, ô mes jeunes seigneurs,
Refrénant le sourire et les regards railleurs...
Alors la nation, susceptible et bouillante,
Était en même temps et pieuse et vaillante,
Et la religion, à l'ombre de la loi,
Imposait aux esprits le respect et la foi.

Nous avions en partage honneur, gloire et richesse,
Avec la liberté protégeant la noblesse.
On a, dit-on, besoin, dans les autres pays,
De police et d'agents, surveillant les partis,
Pour maintenir entre eux la sûreté publique;
Vraiment triste et précaire est cette liberté,
Reposant sur le glaive et la force énergique,
Pour sauvegarder l'ordre avec brutalité!... »

A ces mots le président fit résonner sa tabatière :

— Monsieur Wojski, dit-il, remettez à d'autres temps ces histoires. La diétine est curieuse, il est vrai, mais nous avons faim; faites donc servir, s'il vous plaît.

Wojski, baissant sa canne jusqu'à terre, répondit :

— Faites-moi la grâce, très-illustre seigneur, d'écouter mon explication; dans un instant, j'aurai fini.

« Le nouveau Maréchal, acclamé par la foule,
En triomphe est porté par tous ses partisans ;
Bonnets volent en l'air ; puis le monde s'écoule,
Aux cris : « Vive l'élu ! » répétés par les gens.
Et là-bas, dans un coin, le vaincu de la lice
Revient seul au logis, en souffrant le supplice,
Tout confus, le bonnet enfoncé sur les yeux ;
Sa femme impatiente, au seuil du domicile,
Devine, en le voyant, l'événement fâcheux,
Et tombe en pamoison là, sur le péristyle,
Aux bras de sa servante. Infortune et malheur !
Elle se figurait devenir *Excellence*,
Et doit attendre encor trois ans l'insigne honneur,
Restant simple *madame* en toute bienséance. »

Ayant fini, Wojski leva sa canne en haut,
Et les gens, deux par deux, entrèrent aussitôt,
Apportant mets divers : la soupe aux betteraves,
Potage aigre et royal, très-aimé par les Slaves ;

La poule cuite au pôt, consommé polonais,
Où Wojski, raffiné dans le goût du palais,
Fit jeter grains perlés et pièces de monnaie[1].
Un potage pareil, bien fait, rend l'humeur gaie,
Purifiant le sang, donne force et santé.
A leur suite, arrivant avec célérité,
D'autres plats variés sont servis à la ronde :
Ragoûts, pâtes, coulis à sauce brune ou blonde.
Comment énumérer tous les rôts, les civets,
Avec leurs condiments, leurs gratins, leurs bouquets,
Thons marinés, saumons, et carpes, et morues,
Caviar, salaisons, brochets en parts congrues ;
Enfin ce poisson monstre, entier, non découpé,
Ayant milieu rôti, tête frite en braisière,
L'autre bout cuit à point, dans son jus bien trempé,
Chef-d'œuvre merveilleux, grand secret culinaire !...

Les hôtes, ayant faim, mangeaient allègrement,
Sans trop comprendre l'art de l'assaisonnement,

[1] Ancien usage du pays, délaissé depuis longtemps.

Appréciant surtout les vieux vins de Hongrie,
Qu'ils vidaient tout d'un trait, buvant à la patrie.

✧

Le grand service avait changé de couleur. La neige avait disparu, le fond commençait à verdir; la crème glacée, pardessus répandue, s'étant liquéfiée à la chaleur de la salle, avait mis à découvert la couche inférieure encore invisible aux regards. Le paysage, prenant la couleur d'une autre saison, resplendissait des brillantes teintes du printemps. Des blés de différentes espèces poussent comme sur du levain, les épis d'un froment de safran doré s'élèvent par magie; voici le seigle couvert de feuilles d'argent, et le sarrasin en chocolat croissant à vue d'œil. Peu à peu la blanche fleur des arbres s'est fondue; on voit les fruits mûrs de l'été : les pommes d'or, les reinettes, les apis, les beurrés gris et les espaliers tachetés de framboises.

A peine les hôtes ont-ils le temps de jouir des dons de l'été. Ils demandent en vain à Wojski de retarder l'arrivée de l'automne. Le service, semblable à notre planète, par une rotation forcée, change de saison; les fruits dorés se fondent, la verdure jaunit, les feuilles rougissent, tombent comme emportées par le vent de l'automne; les arbres ornés de fruits et de feuilles un instant auparavant, dépouillés par la bise et les frimas, sont nus comme des squelettes. C'étaient des bâtons de cannelle, ou des branches de laurier, imitant des pins dont les feuilles étaient faites de graine de cumin.

Tout en buvant, les hôtes se mirent à briser les troncs et les racines pour les manger. A l'extrémité du service, se voyait une maison en porcelaine, ou plutôt un palais dans le style italien, d'une architecture exquise, semblable à ces châteaux que la famille des Paç faisait construire en Lithuanie. Soudain le portail s'ouvre, et l'on en voit sortir une foule de cavaliers et d'amazones, sur des coursiers de pain d'épice, tenant en laisse des lévriers de massepain. Un cortége de chasseurs les suit, avec des fusils, des dards, conduisant des meûtes; plus loin, des rangées de chars portent les filets de pêche. Wojski tournoie autour du service, jetant sur les convives des regards triomphants.

Le vieux chef Dombrowski, simulant la surprise :
« Votre surtout, dit-il, cher Wojski, réalise
Les tours les plus fameux des grands magiciens.
Le luxe est-il si grand, des Lithuaniens,

Leur hospitalité toujours aussi royale
Qu'en ces lieux?... Exilé de ma terre natale
Depuis un temps si long, je n'ai nul souvenir...
— Général, répondit Wojski sans coup férir,
Je n'ai nul art secret, ni pouvoir diabolique;
J'ai voulu rappeler, par cette image antique,
Le bon temps fortuné de gloire et de grandeur,
Les banquets d'autrefois offerts, en leur splendeur,
Par nos puissants aïeux... C'est écrit dans ce livre,
Apprenant comme il faut recevoir et bien vivre.
Vous désirez savoir si nos anciennes mœurs
Sont encore en usage à la cour des seigneurs?...
Hélas! ils sont atteints par la mode nouvelle,
Et vivent chichement sur une moindre échelle;
Avares en ménage, aux juifs associés,
Regrettant le vieux vin aux voisins conviés,
Dégustant par manie un faux vin de Champagne,
Perdant au jeu leur or, au Russe, à la campagne,
Bien plus qu'il ne faudrait pour traiter dignement
D'amis, de visiteurs tout un gros régiment.

Monsieur le président, excusez ma franchise!
Vous avez, l'autre jour, blâmé mon entreprise
De tirer du trésor ce beau service ancien,
L'appelant un hochet, un joujou bon à rien,
Capable d'amuser des enfants en vacances,
Non d'illustres guerriers en graves circonstances.
C'était l'avis du juge aussi; je vois pourtant
Que vous appréciez ce chef-d'œuvre important.
Nous n'aurons plus, je crois, l'honneur, dans nos parages,
De traiter en ce lieu d'aussi hauts personnages;
J'ose donc supplier le vaillant général
D'accepter ce vieux livre, un guide non banal,
Pour donner à des rois une fête suprême,
Voire au grand Empereur Napoléon lui-même!...

— Mais, permettez-moi de vous raconter, avant de vous l'offrir, par quel hasard il est tombé entre mes mains. Ce livre fut d'abord la propriété du seigneur Poninski, de la

Grande-Pologne, non pas celui de honteuse mémoire, qui, après avoir trahi son pays à Macieiowice, mourut sous un banc d'auberge, mais Poninski le staroste. Celui-là, vivant somptueusement, donnait d'après ce livre ses bals et ses festins; il le légua, par testament, à un voisin; la veuve de celui-ci en fit présent à Barthélemy Dobrzynski, dit le Prussien, lors de son voyage à Posen. Le gentilhomme l'apporta chez lui comme un précieux monument des antiques usages; mais ayant une cuisine modeste, en rapport avec sa fortune, il le mit dans mes mains. Puisse-t-il vous servir, illustre général!

❧

A la porte, un bruit sourd paraît se rapprocher,
Et l'on entend les cris : « Vive coq-du-clocher! »
La foule entre au salon, avec Mathias en tête;
Le juge le conduit par la main à la fête,
A table le plaçant parmi les généraux :
« Vous venez saluer bien tard notre héros,
Sieur Mathias, lui dit-il; j'avais déjà l'envie
De faire demander si vous étiez en vie...

— J'ai dîné, répond l'autre, et n'ai plus d'appétit;
Je voulais voir de près la tenue et l'habit
De notre troupe au camp, vraiment nationale,
Qui laisse à désirer, tout étant martiale.
Des amis, m'ayant vu, saisirent le *lapin*
Pour l'amener de force à l'aimable voisin.
Vous me placez à table en toute politesse,
Je vous en remercie; excusez ma rudesse. »
Retournant son assiette, à ces mots gracieux,
Il resta sans manger, sombre et silencieux.

« Êtes-vous, dit le chef, le sabreur redoutable
Du temps de Kosciuszko, dont le glaive implacable
Et tranchant fut nommé « la verge de Mathias »,
Fustigeant l'ennemi, terrible à votre bras?...
Sa réputation nous est bien parvenue;
Vous portez fièrement votre gloire connue
Et d'une date ancienne. A votre air vigoureux
On ne voit pas des ans le poids trop onéreux.

Regardez Kniaziewicz et moi; notre moustache
Et nos cheveux sont blancs comme notre panache;
Nous sommes vos cadets, pourtant. Oui, j'ai vieilli,
Tandis que vous semblez avoir force et jeunesse.
Tout récemment encor, votre verge a jailli
Sur le dos, m'a-t-on dit, des Russes en ivresse.
Vos frères, où sont-ils?... Vos «Rasoirs», vos «Canifs»,
J'aimerais à les voir, ces batailleurs actifs,
Derniers échantillons d'une époque finie,
Valeureux combattants de la Lithuanie!

» — Général, dit le juge, après ce grand combat,
Les braves Dobrzynski, par crainte d'un éclat,
Ont quitté le pays pour se rendre en Pologne,
Et dans les légions achèvent leur besogne.
— J'ai chez moi, dit alors un chef de bataillon
Un fourrier Dobrzynski, surnommé *Goupillon*,
Une espèce de monstre, un gros ours prêt à mordre
Je le ferai venir sur-le-champ, à votre ordre. »

Un lieutenant reprit : « Je connais de ce nom,

Dans notre compagnie, un célèbre luron,

Dit *Rasoir;* puis un autre, exact à son service,

Tirant bien d'un tromblon qu'il aime avec délice. »

« — A notre régiment, troisième tirailleurs,

Servent deux Dobrzynski, satanés ferrailleurs »,

Ajoute un officier. « — Je veux surtout connaître,

Reprit le général, leur chef, dit *Petit-Maître,*

Le *Canif* renommé, dont Wojski m'a conté

Des prodiges de force et d'intrépidité. »

Celui-ci répondit : « Ayant peur de l'enquête,

Canif, sans émigrer, mit à l'abri sa tête,

Des Russes se cachant, au fond de nos grands bois,

Où, dans un sûr asile, il est resté six mois.

Libre à présent, il peut être utile à la guerre

Par sa grande valeur, son esprit militaire;

Mais il est affaibli par l'âge et se fait vieux;

Le voilà dans la cour parmi les curieux »,

Et, du doigt faisant signe, il montra le gazon,
Où le front de Gervais luisait à l'horizon.
Son crâne chauve et nu perçait tantôt la foule,
Ou se cachait, pareil à l'esquif dans la houle.

Se frayant un chemin, avec un gros juron,
Le porte-clefs Gervais entre par le perron,
Et dit, la main au front : « Grand hetman du royaume,
Illustre général, fidèle champion
Du trône, de l'autel, du pauvre sous le chaume !
Je remets mon canif, agile en action,
Au service loyal de Votre Seigneurie.
Ce n'est pas sa monture ou sa fine beauté
Qui lui valurent gloire et nom, sans flatterie,
Mais sa trempe acérée et sa solidité.
Oh ! s'il savait parler, certe il ferait l'éloge
Du vieux bras qui servit ses maîtres, son pays,
Avec zèle ; il pourrait faire le nécrologe
De tous les ennemis fendus, taillés, occis,

Coupant oreille et nez, comme on taille une plume,

Tout aussi lestement... Ce serait un volume!...

Mais nul meurtre en souillure, et sans brèche au tranchant,

Ne frappant qu'à la guerre, en duel, et touchant

Son ennemi, toujours loyalement, en face.

Rien qu'une seule fois, j'ai dû tuer sur place

Un pauvre prisonnier, un homme désarmé...

Je ne me repens pas de l'acte consommé.

Que Dieu prenne en pitié cette œuvre diabolique,

Car c'était pour le bien de la cause publique. »

— Montrez donc ce canif, demanda Dombrowski en souriant... Mais vraiment, c'est un glaive d'exécuteur des hautes œuvres...

Et il se mit à examiner, plein d'étonnement, la longue rapière; puis il la fit passer à la ronde à tous les officiers. Chacun essaya de la manier, mais peu parvinrent seulement à la soulever. On dit que Dembinski, connu par la vigueur de son bras, aurait pu s'en servir; mais il n'était pas de la fête. De tous ceux qui étaient présents, le chef d'escadron Dwernicki, et le lieutenant Rozycki, purent seuls manier cette barre de fer. La rapière passait ainsi de main en main.

Le général Kniaziewicz, le plus grand de taille, se montra aussi le plus robuste. Saisissant la rapière, il la leva aussi légèrement qu'une épée, la fit tournoyer et scintiller au-dessus des têtes, en imitant les passes de l'escrime polonaise. Il fait le moulinet, pousse une tierce, une contre-pointe, une quarte ; puis des feintes, des temps redoublés, des coups de tête et de poignet : il savait tout cela, ayant été élevé à l'École des cadets de Varsovie. Tandis qu'il fait ainsi des armes en riant, Gervais tombe à ses pieds, lui embrasse les genoux, et pleure d'attendrissement ; à chaque passe il s'écrie :

— Ah! c'est bien, général ; étiez-vous des confédérés? C'est bien, c'est parfait. Voilà le coup de Pulawski. C'est ainsi que parait Dzierzanowski. C'est une pointe de Sawa. Qui donc ainsi a exercé votre bras? Ce ne peut être que Mathias Dobrzynski... Quant à ce coup-là, général, c'est le mien.

« Il porte mon surnom : *Coup de mon Petit-Maître.*
Je suis son inventeur. Qui vous l'a fait connaître,
Ce moyen le plus sûr d'envoyer au trépas?... »
Il se lève, et, prenant Kniaziewicz dans ses bras,
Ajoute : « Oui, je mourrai satisfait et tranquille ;
Mon épée, après moi, peut encore être utile,
Sans se rouiller, honteuse et cachée au fourreau,
Puisqu'il existe un homme, honorant le drapeau
National, qui veut adopter ma rapière.
Quittez, mon général, l'arme frêle, étrangère,
Pareille au tournebroche, une badine en fer ;
Un guerrier polonais, de beau nom, de grand air,
Tient un sabre au côté digne de sa noblesse.
Je dépose à vos pieds ma lame vengeresse,
Vous priant d'excuser sa franchise au soldat.
C'est le seul bien réel que j'eus dans mon état ;
N'ayant femme ni fils, ce canif invincible
Me les a remplacés. Cher à mon cœur sensible,
Toujours prêt à l'appel pour se teindre de sang,
Le brave compagnon ne quittait pas mon flanc,

Et partageait ma couche en hôte inséparable.
Depuis que j'ai vieilli, suspendu sur mon lit,
Comme chez les Hébreux de Dieu l'ordre ineffable,
Il veille à mon chevet, me protége et ravit.
Je pensais l'emporter avec moi dans ma bière;
Il a troùvé son maître, et peut briller sur terre! »

Le général riant, mais vivement touché :
« — Cédant l'objet auquel vous êtes attaché,
Dit-il, qui vous tient place et de femme et de fille,
Vous serez isolé, pauvre veuf sans famille!
Comment pourrai-je au moins adoucir votre sort,
En échange du don qui vous sert de support?...
— Suis-je pareil, dit l'autre, à ce héros de drame,
L'ami d'un Russe, auquel il perd au jeu sa dame?...
Non pas! Il me suffit de voir dans l'avenir
Mon épée en des mains qui sauront s'en servir.
Serrez bien seulement, des deux poignets, la garde;
Élevez le *canif* tout en haut, pour qu'il darde

Sur le front; tapez fort, et, frappant au sourcil,
Vous pouvez être sûr d'atteindre le nombril! »

Le général prit le canif; mais comme il était trop long, il ne put le porter. On le mit dans son fourgon. Ce qu'il devint plus tard, on le raconte diversement, mais on n'a jamais pu le savoir avec certitude. — Dombrowski, s'adressant à Mathias, lui dit :

« Vous ne paraissez point satisfait, camarade,
Que les aigles d'argent[1] parent votre bourgade;
Vous restez taciturne et de mauvaise humeur,
Sans goûter leur aspect, ni la vive rumeur
Des tambours, des clairons sonnant à votre oreille.

[1] Surmontant les drapeaux polonais.

Le chant national de Kosciuszko n'éveille,
Je vois, dans votre cœur, aucun doux sentiment.
Si vous ne voulez pas vous joindre à notre armée,
Faites-nous bon visage, et buvons tous gaîment
Au grand Napoléon, à sa gloire acclamée,
A l'espoir bien fondé de résurrection
Prochaine, en vérité, de notre nation!...

» — Ah! répondit Mathias, j'ai vu ce qui se passe ;
Deux aigles sont bien mal sur le même clocher,
Pour surveiller leur nid. Des grands la bonne grâce
Est bien changeante, Hetman! On pourrait reprocher
Bien des faits au héros guidé par la fortune.
Du temps de Dumouriez, on disait, sans rancune,
Qu'il fallait en Pologne un héros polonais :
Un Piast, Jean ou Joseph, et non pas un Français,
Voire un Italien... L'armée est polonaise,
Dit-on, et l'aigle aussi; mais, ne vous en déplaise,
Dans ses rangs variés de sapeurs, fusiliers,
Dragons, chevau-légers, artilleurs, canonniers,

On entend bourdonner, au lieu de notre idiome,

Langue et titre étrangers, inconnus au royaume.

Et leurs sabres, grand Dieu! C'est à faire pitié!

Impropres à couper notre pain par moitié.

Puis, il faut l'avouer, des soldats hérétiques

Servent sous les drapeaux. Vos grenadiers sceptiques

Agacent le beau sexe et pillent les passants,

Ne respectant ni lois, ni l'autel, ni l'Église;

Et l'Empereur nous traite en brutes, en manants.

Il veut prendre Moscou? Bien fatale entreprise,

S'il y va sans avoir l'assistance de Dieu.

On m'a dit qu'il était interdit par le Pape,

Comme un spoliateur de Rome, le saint lieu;

J'ai bien peur que la foudre en ce cas ne le frappe!... »

Il se tut, se sentant sur un mauvais terrain,

Et trempa dans sa soupe une tranche de pain.

Le discours de Mathias ne fut pas goûté par le président; les jeunes gens mêmes commençaient à murmurer; mais le juge empêcha l'explosion du mécontentement en annonçant l'arrivée du troisième couple.

✿

Le notaire, en entrant, dut redire son nom,
Étant méconnaissable en habit, de façon
Et de coupe étrangère, au lieu de la tenue
Nationale, encore au pays maintenue.
Mais Télimène avait, au contrat, stipulé
Que son époux prendrait le costume étalé
Sur le dos du brave homme, à la mode française,
Dans lequel il était gêné, mal à son aise.
Roide comme une grue, et gourmé dans son frac,
Qui le serre, il avance à tâtons, en zigzag,
Et s'efforce à sourire, étant à la torture;
Voulant cacher ses mains, il cherche sa ceinture...
Hélas! il n'en a plus!... Honte et confusion!

Il maudit et son frac, et sa sotte action
Le rendant ridicule, et tourne à droite, à gauche,
Saluant tout le monde, et la main dans la poche,
Sous les ricanements d'un public sans égards,
Qui suit le malheureux de ses malins regards.

Soudain, voyant Mathias, il tressaille de crainte
Que le vieux ne le blâme et crûment ne l'éreinte
Avec son franc parler... Mathias, en vérité,
Vieil ami du légiste et par lui redouté,
L'examine d'un air si dur et si sévère,
Avec tant de mépris que le pauvre notaire,
Stupéfait, et craignant de se voir enlever
Son habit, le boutonne, et court pour se sauver.
L'autre se borne à dire à voix haute : « Imbécile ! »
Regardant le promis, époux faible et servile ;
Puis, se levant de table, il remonte à cheval,
Et, sans prendre congé, retourne au bourg natal.

Télimène, en promise, abaissa la paupière,
Déployant grâce, attraits, taille souple et légère.
La plume ne saurait décrire le bon goût,
Et l'élégance, et l'art de sa riche toilette,
Désirs, douce langueur enveloppant le tout,
Et faisant onduler le sein de la coquette.
Il faudrait des pinceaux pour exposer aux yeux
Cette profusion de dentelles, guipure
Et blondes sur velours, de bijoux précieux,
De nœuds en diamants, sur la robe et coiffure,
Le regard attrayant et l'éclat sans pareil
De la fleur d'oranger sur son teint si vermeil...

Le comte, la voyant, froissé dans son doux rêve,
Reconnut Télimène, et, la main sur son glaive :
« Est-ce bien vous, dit-il, être faux et cruel,
Jurant en ma présence un amour éternel
A l'époux préféré ?... Créature perfide,
Cœur lâche et variable en un étui splendide !

Vous avez oublié promesses et serments,
Et les tendres aveux, et nos adieux récents,
Sans honte ni scrupule, avec indifférence!...
Crédule que j'étais de porter vos couleurs,
En baisant votre don!... Malheur à qui m'offense!
Malheur à mon rival!... En dépit de vos pleurs,
Certes, je le tuerai, car son bonheur me navre...
Il n'ira vers l'autel qu'en foulant mon cadavre!... »

Les convives surpris, le notaire accablé,
Se lèvent pour mieux voir; le président troublé
Impose en vain l'accord et la paix qu'il surveille,
Quand Télimène, à part, dit au comte, à l'oreille :
« Le notaire n'est pas encore mon époux;
Si vous tenez à moi, monsieur, déclarez-vous!
Si votre cœur éprouve une égale tendresse
A la mienne, en ce cas, faites-moi la promesse
De m'épouser sur l'heure, et, quittant mon promis,
Je me livre à vos feux, à votre amour exquis;

Mais j'exige, avant tout, prompt et sûr mariage.
Dites un mot, cher comte, alors je me dégage!...

» — Être incompréhensible, autrefois idéal,
Dit le comte, à présent devenu si banal!
Pourquoi nous enchaîner par un nœud prosaïque,
Qui pèse d'un lourd poids sur l'âme poétique?...
Il ne faut pas d'aveux pour s'adorer vraiment;
Croyez à mon amour sans nul engagement.
L'un pour l'autre brûlant, deux cœurs, même en silence,
— Tels deux astres au ciel — rayonnent à distance;
Et la terre qui tourne, éprise du soleil,
Fixant avec amour son doux maître vermeil,
La lune la suivant, et ne pouvant l'atteindre,
Brûlent, les trois, d'un feu ne devant pas s'éteindre;
Car, s'attirant toujours, mais sans jamais s'unir,
Ils gravitent au loin, brillant d'un pur désir...

» — C'en est assez, sieur comte! interrompt Télimène;

Les astres et le ciel ne sont pas mon domaine;

Je suis simple mortelle, et femme, grâce à Dieu,

Faite de chair et d'os, vivant dans leur milieu.

Pas de phrases, monsieur! Trêve à ce radotage;

Veuillez ne pas briser mon prochain mariage

Par quelques vains propos, une indiscrétion,

Qui pourrait sottement nuire à mon union.

Autrement, croyez-moi, dans ma rage et furie,

Je saurais me venger de votre intempérie,

Dussé-je, de mes mains, vous arracher les yeux!...

— Je ne troublerai pas des moments si joyeux,

Madame! dit le comte, outré de son audace;

Je cède à la prière, et non à la menace... »

Il se tourne, irrité, par dépit prétendant

Plaire à la jeune Anna, fille du président.

Wojski voulut essayer de raccommoder les jeunes gens par de sages exemples. Il se mit donc à raconter l'histoire du sanglier des forêts de Naliboki, et la querelle de Reytan avec le prince de Nassau ; mais les convives, après avoir pris les glaces, quittèrent la salle, pour aller jouir du frais dans la cour, où les paysans finissaient leur repas. Les cruches d'hydromel circulaient, les musiciens accordaient leurs instruments invitant à la danse. On cherchait Thadée, qui s'était retiré à l'écart, et confiait ses pensées intimes à l'oreille de sa femme, lui disant :

« Sophie, ange adoré! je veux vous consulter
Sur une grave affaire, en tout vous écouter.
La meilleure moitié des biens de mon domaine
Vous appartient de droit, ma belle souveraine.
Ces braves villageois sont vos humbles vassaux.
Je voudrais les traiter en serviteurs loyaux,
Et libérer nos gens d'un pénible servage,
En heureux souvenir de notre mariage.
Notre bon oncle accède à cet arrangement;
Il me tarde d'avoir votre doux agrément.

Nous avons retrouvé notre chère patrie ;
Fêtons-la dignement dans notre seigneurie,
En étendant aux serfs la sainte liberté,
Et confirmant la terre en leur propriété.
Ils ont assez longtemps servi sous nos ancêtres ;
Grâce à nous aujourd'hui qu'ils deviennent les maîtres
Du sol qu'ils ont conquis à la sueur du front,
Y naissant, travaillant et vivant de son fond,
Y puisant pour leur maître abondance et richesse,
Pour eux-mêmes souvent la misère et détresse.
Je sais bien que, traités par l'oncle avec douceur,
Ils sont aussi certains de notre bienveillance ;
Mais leur sort peut changer avec le successeur,
Peut-être moins clément, plus dur à leur souffrance.
Libres concitoyens, affranchis par la loi,
Ils n'auront plus à craindre un changement de roi
Ou de maître, et, joyeux, béniront la mémoire
Du jour où la Pologne est rentrée en sa gloire.
Mais, je vous en préviens, cette donation
Doit porter une atteinte et diminution

A notre revenu. Moi, ma bonne Sophie,
Je m'y soumets d'avance avec philosophie,
Ayant toujours vécu dans la frugalité.
Mais, d'illustre naissance et de rare beauté,
Habituée à vivre en pleine capitale,
Vous résignerez-vous à l'existence égale,
Uniforme et modeste, en pleins champs désormais,
Rien qu'avec votre époux, loin des grandeurs, en paix?

» — N'êtes-vous pas mon maître? interrompit Sophie.
Trop jeune pour donner des conseils, je me fie
A votre affection, acceptant de grand cœur
L'absence de tout luxe en notre intérieur.
Pourvu que vous m'aimiez, le reste peu m'importe;
Moins riche, à votre bras je serai toujours forte,
Et fière d'être à vous. Je ne fais aucun cas
D'une antique origine ou de faibles appas;
Mais je sais que votre oncle, en sa sollicitude,
M'a recueillie enfant, pauvre, dans sa maison.

Je porte à sa tendresse hommage et gratitude,
Obtenant votre choix, guidé par sa raison.
Je n'ai pas peur du tout de rester au village,
Préférant à la ville un joli paysage;
Mes poules, mes dindons me plairont beaucoup plus
Que Pétersbourg, le monde et ses plaisirs connus,
Que je trouve assommants. J'en eus l'expérience
Durant un court séjour que je fis à Wilna;
Indifférente aux jeux, aux fêtes, à la danse,
J'y désirais revoir au plus tôt Soplica,
Un endroit ravissant, plein d'attrait et de charmes,
Où j'appris votre amour, voyant vos douces larmes...
Je suis dure au travail; ayant force et santé,
M'occupant avec zèle et bonne volonté,
Au bout de quelque temps, je ferai, je l'espère,
Une maîtresse active et bonne ménagère. »

Au moment où Sophie achevait ce propos,
Gervais s'approchant d'elle, étonné, dit ces mots :

« Je connais vos projets d'abolir le servage,
Par le juge, et j'en nie uniment l'avantage
Et les bons résultats à l'égard de nos gens :
Une innovation des maudits Allemands!...
Je crois la liberté l'exclusif apanage
De la seule noblesse, et si, d'après l'adage,
Notre origine date à tous du père Adam,
Cham eut pour rejetons des fils de paysan;
Les Juifs viennent de Sem, et Japhet fut le père
De notre classe à nous, vraiment nobiliaire,
Qui domine à bon droit les autres descendants,
Comme la race aînée à l'aurore des temps...
Certes, le curé dit autre la loi divine,
Du jour où le Seigneur, de royale origine,
Chez les Juifs vint au monde, et, pour les paysans,
Prêchant l'égalité parmi tous les croyants;
D'accord : s'il est ainsi, je n'ai plus rien à dire,
D'autant plus que madame y daigne bien souscrire.
Elle m'a pour esclave, et le pouvoir en main.
Donnez la liberté réelle, pas en vain,

Comme fit le sieur Karp, libérant ses vassaux
Par les Russes inscrits sujets de la couronne,
Comme tels écrasés par de triples impôts,
Et vexés par l'État qui les pille et rançonne.
Octroyez à vos serfs l'émancipation,
En les ennoblissant par l'allocation
De vos armes et noms. Telle est la loi commune :
Thadée aux siens pourra donner sa demi-lune,
Madame à ses clients, la tête de chevreau.
Je serai le premier, leur voyant votre sceau,
A les traiter d'amis de noblesse parfaite,
Leurs titres confirmés dûment par la diète.
N'ayez crainte ou souci de trop vous appauvrir;
Dieu, mes maîtres aimés, ne saurait le souffrir,
Qu'une si noble dame, et d'illustre lignage,
Puisse salir ses mains aux travaux du ménage.
Un remède à cela se trouve au vieux château,
Où, dans un certain coffre, en bas, dans le caveau,
J'ai caché prudemment le trésor de mon maître
Le panetier, de peur de le voir disparaître,

Pillé par l'ennemi dans son invasion,

Ou mis par le sieur juge en contestation.

Ce coffre-fort contient des objets admirables :

Vaisselle, argenterie et bijoux précieux,

Panaches et harnais, sabres incomparables;

Le tout est à l'abri des regards curieux.

Grâce aux dons du défunt, ma bourse est bien garnie;

Je voulais employer l'épargne réunie

A relever les murs ruinés du castel;

Je préfère placer mon argent personnel.

Chez vous, monsieur Thadée, en y passant ma vie,

Mangeant le pain offert par ma dame bénie,

Et berçant la troisième... oui... génération

Des Horeszko. C'est mon unique ambition

De passer près de vous mon extrême vieillesse

Qui, loin de vous, serait en proie à la tristesse,

D'exercer votre enfant aux assauts du canif;

Car ce sera, pour sûr, un fils robuste et vif,

Vu que, pour remplacer les morts en temps de guerre,

Garçons naissent toujours au sein de toute mère. »

A peine Gervais a-t-il prononcé ces derniers mots, que Protaze s'avance à pas lents, s'incline et tire de sa tunique un immense panégyrique de trois feuilles et demie. C'était une pièce de vers d'un jeune sous-officier, qui jadis avait écrit dans la capitale des odes célèbres, et qui plus tard avait endossé l'uniforme; mais, après comme avant, il s'occupait toujours de littérature et de poésie. L'huissier en avait déjà lu trois cents, lorsqu'il arriva à ce passage :

« Jeune et pure beauté, vos attraits ravissants
Éveillent les désirs, délicieux tourments;
Ayant enchaîné Mars, vous faites fuir Bellone,
Jetant dards, bouclier. Dieux! puisse la couronne
Brillante de l'hymen, qui pare votre front,
Rendre la paix au monde, et votre sein fécond!... »

Et Thadée, et Sophie applaudissaient Protaze
A tout rompre, espérant assourdir son emphase.

Sur le désir du juge, on vit le bon curé
Escalader la table, et, d'un ton assuré,
Annoncer aux sujets la volonté du maître.
Les paysans, ravis du discours du vieux prêtre,
Se jetèrent aux pieds de Thadée, en criant :
« Vivent nos bons seigneurs! » sanglotant et riant.
« — Vivent les citoyens de la chère patrie!
Tous ses fils sont égaux, libres, sans vanterie »,
Reprit Thadée alors. — « Vive la liberté
Du peuple! » s'écria Dombrowski. — « La santé
De notre chef illustre et de toute l'armée!... »
Lui répondit la foule en ivresse et charmée.
Le juge enfin acclame : « En frères, aimons-nous,
Et remercions Dieu de sa grâce à genoux!... »
Le peuple ému se baisse et se prosterne à terre,
Plein de reconnaissance, élevant sa prière...

M. Buchman seul ne daigna pas partager la joie générale; le projet ne lui déplaisait pas en lui-même, mais il voulait l'amender et faire nommer surtout une commission d'office, qui... Le temps ne permit pas de suivre le conseil de M. Buchman; car déjà dans la cour les officiers et les dames, les soldats et les villageoises avaient pris place deux à deux pour danser.

— Une Polonaise! s'écrièrent-ils tous de concert.

Les officiers amènent la musique militaire; mais le juge dit à l'oreille du général :

— Ordonnez à la musique d'attendre encore. Vous savez qu'aujourd'hui se célèbrent les fiançailles de mon neveu, et il y a une ancienne coutume dans notre famille de se fiancer et de se marier au son de la musique du village. Voici le joueur de tympanon, le violon et les musettes, d'honnêtes virtuoses; voyez, déjà le violon s'impatiente, et le joueur de musette, en nous saluant, paraît mendier du regard un moment de silence. Si je renvoie ces pauvres gens, ils en seront désolés; les paysans aussi ne sauraient danser à d'autres accords. Permettez-leur de commencer; que les villageois se réjouissent d'abord, nous écouterons ensuite votre excellente musique.

Il fait un signe.

Le violon retrousse les manches de sa casaque; il serre

fortement son violon, appuie son menton sur la caisse, et lance l'archet comme un cheval fougueux. Au signal, les deux joueurs de musette, placés à ses côtés, agitent les épaules, comme s'ils battaient des ailes, soufflent dans leurs outres de cuir, et de leurs joues gonflées les remplissent de vent. Semblables aux joufflus enfants de Borée, on croirait qu'ils vont s'envoler. On attend toujours le tympanon...

Certe, il ne manque pas d'amateurs à l'appel
Mais ils n'osent jouer devant le juif Yankiel.
Caché l'hiver entier en un lieu de refuge,
Il avait reparu maintenant chez le juge,
Avec l'état-major, connu par son talent,
Musicien de goût et joueur excellent.
Curieux de l'entendre, on le presse, on l'entoure,
Priant avec instance un bel air de bravoure.
Yankiel, intimidé, se défend en disant
Qu'il a peur d'ennuyer l'auditoire imposant,

Que ses mains hors d'usage, au repos engourdies,

Ne sauraient plus jouer de douces mélodies.

Il cherche à s'esquiver ; mais Sophie a tout vu,

Et, courant l'arrêter, le prend au dépourvu.

D'une main fine et blanche, elle offre la baguette

Dont l'artiste se sert pour frapper l'instrument ;

De l'autre, caressant sa barbe, la coquette

Fait une révérence, et lui dit gentiment :

« Aujourd'hui, bon Yankiel, jour de mes fiançailles,

Veuillez bien, en jouant, fêter mes accordailles. »

Yankiel s'incline alors, et n'ose refuser ;

Il s'asseoit au milieu, prêt à réaliser

Le désir exprimé par Sophie. On apporte,

On met sur ses genoux le sonore instrument.

A sa vue, il tressaille, et l'orgueil le transporte,

Pareil au vieux guerrier qui reprend bravement

Au drapeau rappelé, son glaive de bataille,

Que son cher petit-fils décroche à la muraille ;

L'enfant le trouve lourd, et le vieillard sourit;
En reprenant son arme, il sent un feu subit
Lui réchauffer le sang, et, plein de confiance,
Il est sûr d'égaler son ancienne vaillance.

Deux élèves, penchés auprès du tympanon,
L'accordent avec soin, faisant vibrer le son;
Yankiel, les yeux fermés et les traits immobiles,
Absorbé, tient en mains les baguettes fragiles.
Il les abaisse enfin : de ses coups redoublés,
Il en laisse jaillir des torrents ondulés;
On dirait un orage, avec pluie et tonnerre;
Puis le chant glorieux du triomphe à la guerre...
Tout le monde est ravi... Mais ce n'est qu'un début;
Il relève les mains, en faisant un salut.

Recommençant son jeu, l'artiste effleure à peine
Les cordes frémissant d'un son clair et léger,
Pareil au doux murmure émis par la fontaine;

Le maître cherche, essaye et semble interroger
Le ciel, pour y trouver une idée inspirée;
Puis, fixant l'instrument d'une vue assurée,
Il tire, en le frappant, les accords attrayants
Du chant patriotique, aux accents sémillants
Et joyeux du *Trois Mai,* la belle polonaise,
Et reproduit des airs variés sur la thèse.
Les airs vifs, gracieux, respirant le plaisir,
Réjouissent l'oreille, éveillent le désir
De danser, de sauter, au sein de la jeunesse;
Les vieux, se rappelant ce bon temps d'allégresse
Où, réconciliés, et prince et nation
Célébraient en commun la paix et l'union,
Répètent les vivat de joyeuse espérance,
Qui dilataient les cœurs, entrecoupant la danse :
« Vive diète et roi!... Vive la liberté!...
Vivent tous les États du pays respecté!... »

L'artiste, à chaque instant, accélère l'allure,
Renforçant les accords et pressant la mesure,

Quand soudain une note au son faux et grossier,
Sifflement de serpent, grincement de l'acier
Sur le verre inégal, trouble et rompt l'harmonie,
Se mêlant aux tons purs en amère ironie...
Un frisson d'épouvante agite le public,
Comme s'il ressentait le venin d'un aspic.
L'instrument est-il faux?... Est-ce une erreur du maître?
Non!... Il répète encor le son faux et strident!...
Gervais l'a deviné, s'écriant : « C'est un traître!
C'est de Targowiça le complot discordant! »
Et se brise aussitôt cette corde sinistre...

L'ardent musicien parcourt tout le registre,
Passant des tons aigus à la basse en émoi
Aux sons les plus bruyants suivis en désarroi.
C'est le chant du combat... la marche militaire...
C'est l'attaque et l'assaut... C'est l'horreur de la guerre!
On entend le canon : cris et pleurs des enfants;
D'une triste victoire emblèmes désolants

Qui remplissent d'effroi le cœur des pauvres femmes,
Tremblant au souvenir des brigands du Volga,
Du cruel Souvarow les sicaires infâmes,
Féroces meurtriers du massacre à Praga...
L'artiste fit gronder les cordes en tonnerre,
Et puis les étouffa comme au sein de la terre.

A cette explosion succède un nouveau chant :
Un air doux et suave, adagio touchant;
Quelques sons, bourdonnant en rumeurs éloignées,
Tels bourdons échappés aux toiles d'araignées...
Mais le nombre en augmente, ils forment des accords,
S'unissant et versant l'harmonie à pleins bords;
Romance en ton mineur, prélude achromatique
D'un chant national triste et mélancolique :

« Le soldat, mendiant son pain,
Errant dans les bois, forêts sombres,

Saisi par le froid et la faim,
De la mort voit planer les ombres.

» Mourant, le pauvre cavalier
Tombe épuisé sous un vieux hêtre,
Aux pieds du fidèle coursier
Creusant la tombe de son maître... »

Cette vieille chanson, chère aux cœurs polonais,
Pour les guerriers surtout a de tendres attraits,
Leur rappelant les temps de deuil de la patrie
Partagée en lambeaux avec effronterie,
Quand ils durent errer en des pays lointains,
Sur la terre d'exil courbant leurs fronts hautains ;
La misère et l'ennui de leur pèlerinage
Par des sables brûlants, mers et déserts glacés,
Où, pour se consoler d'un pénible voyage,
Ils chantaient ces refrains, souvenirs caressés

De la patrie absente... Ils inclinent la tête,
Comme s'ils ressentaient le choc de la tempête.

Ils la lèvent bientôt au changement de ton
Annonçant un air gai, fait d'une autre façon,
Motif en sons majeurs, et d'une vive allure.
Yankiel frappe à la fois des deux mains, en mesure;
Ils paraissent sortir d'une trompe d'airain,
D'où monte vers les cieux le glorieux refrain :

« La Pologne est en vie,
Et nous la sauverons !
Notre chef d'Italie
Conduit nos légions !... »

« C'est l'air de Dombrowski ! Notre marche sublime !... »
Disent tous, l'entonnant d'une voix unanime.

Yankiel alors paraît lui-même tout surpris.
Levant ses mains, il laisse échapper les baguettes,
Le bonnet en arrière et les traits amaigris,
La barbe au vent; ses yeux reluisant à facettes
Brillent d'un vif éclat. Suppliant du regard
Le vaillant Dombrowski, humblement et sans art,
Les yeux rouges, mouillés, et la voix sanglotante,
Il adresse au grand chef sa prière émouvante :

« Illustre général, la Pologne a longtemps
Attendu son sauveur, comme nous le Messie,
Par un miracle au ciel prédit aux braves gens!
Enfin l'heure a sonné! Nous vaincrons la Russie
Grâce à votre vaillance exaltant tous les cœurs... »
Il n'en put dire plus, étouffé par les pleurs;
Car Yankiel, bien que juif, avait pour la Pologne
L'amour qu'a pour son nid la soigneuse cigogne.
Tête nue, il baisa la main du général
Qui lui fit, en l'offrant, un salut amical.

CHANT DOUZIÈME.

Il est temps de danser la grave Polonaise :
Les jeunes gens surtout grillaient comme sur braise.
Le président s'avance à la tête, en jetant
Les manches en arrière à son habit flottant,
Et, frisant sa moustache, invite au premier couple
La charmante Sophie, en faisant un salut
Digne et respectueux. Celle-ci, fine et souple,
Se penche et lui sourit, joyeuse à son début.
Les danseurs, se plaçant tout le long, paire à paire,
Forment, ainsi rangés, une guirlande entière.

Le président dirige et donne le signal :
Imposant dans sa marche, il a l'air martial ;
Bottes rouges tranchant sur le gazon, ceinture
Et sabre étincelants. Sa marche, sa tournure,
Distinguent le danseur, dont chaque mouvement,
Chaque geste, trahit désir et sentiment.
Il s'arrête, voulant questionner sa dame,
Il se penche vers elle, et veut lui parler bas ;

La danseuse rougit. Le cavalier réclame
Et, l'admirant, salue... Elle ne répond pas,
Veut bien le regarder, mais s'obstine à se taire...
Il ralentit son pas, cherche à lire en ses yeux,
Et sourit, satisfait de ne pas lui déplaire;
Il marche fièrement, brave les envieux
Avec dédain, plaçant son bonnet sur l'oreille,
Tourne autour de sa dame, et la fixe et surveille.
Il la conduit au loin, suivi par les jaloux,
Qui sont sur ses talons pour nuire au rendez-vous,
Et, lui portant envie, avancent sur sa trace.
Avec sa dame alors, levant en arc la main,
Il engage à passer les danseurs à sa place,
Et voudrait, les trompant, s'esquiver, mais en vain.
Les importuns, suivant toujours d'un pas agile,
L'enlacent par les nœuds d'une chaîne mobile,
Malgré son vif désir et son intention
D'embrouiller ordre et rangs sous sa direction;
Il s'irrite, et la main sur la garde du glaive,
La menace à la lèvre, il se cambre et relève

La tête, semblant dire :« Oui, malheur aux rivaux ! »
Puis, l'orgueil sur le front, et fier comme un héros,
Il s'ouvre le chemin, allant droit à la foule,
Qui le laisse passer et tout autour s'enroule.

Parmi les curieux, on entend s'écrier :
« Regardez ! Vous voyez peut-être le dernier
Seigneur sachant conduire ainsi la Polonaise ! »
Et les couples bruyants et joyeux, à leur aise
Forment une guirlande, enroulée en cerceaux,
Qui s'étend et se rompt, serpent aux mille anneaux.
Les habits variés du beau sexe futile,
Des seigneurs, des soldats, du ciel se détachant,
Vraiment paraissent être écailles d'un reptile
Doré par les rayons du bel astre couchant,
Reflétant leur éclat sur la verte pelouse.
L'orchestre tonne : on danse, on s'amuse et l'on rit,
On boit à la santé de la nouvelle épouse,
Du généreux Thadée, et la foule applaudit.

Seul, le caporal Sak Dobrzynski n'écoute pas la musique, ne regarde pas la danse, ne partage pas la joie générale. Les bras croisés derrière le dos, sombre et de mauvaise humeur, il se rappelle le temps où il faisait la cour à Sophie, combien il aimait à lui cueillir des fleurs, à lui tresser des corbeilles, à dénicher pour elle des oiseaux, à lui faire des boucles d'oreilles. L'ingrate, après tant d'offrandes!... Malgré ses dédains, malgré la défense de son père, que de fois ne s'est-il pas assis sur la haie, pour l'apercevoir à travers sa fenêtre! que de fois ne s'est-il pas caché dans les chanvres, pour la voir sarcler les concombres ou jeter la nourriture aux poulets! L'ingrate!... Il baisse la tête, siffle un mazurek, enfonce son casque sur les oreilles, et s'en va dans le camp, près des canons, jouer au *mariage* avec les soldats du poste, et adoucir son chagrin par de fréquentes libations...

Telle était la constance du fils de Dobrzynski...

Sophie, au premier couple, est toujours en avant;
On la distingue à peine au jardin, décrivant

Ligne et cercle animés, en dessin fantastique;

Mise en vert, couronnée au front de frais rameaux,

Elle paraît au peuple une beauté magique,

Des champs la bonne fée, ou la reine des eaux,

Glissant d'un pied léger, frôlant l'herbe fleurie,

Et conduisant la danse avec coquetterie.

Un flot de curieux et l'entoure et la suit,

Massés sur son parcours, pour voir l'astre qui luit.

En vain le président veut rester à sa place,

Il devra la céder au voisin sur sa trace;

Mais l'heureux Dombrowski n'en jouit pas longtemps,

A son tour supplanté par un autre à la lice;

Un troisième l'attend, suivi de prétendants,

Et Sophie, en riant, de l'un à l'autre glisse.

Puis, échue en partage à Thadée, à son tour,

Pour ne plus le quitter, elle fait un détour,

Et, cessant de danser, s'approche de la table,

Au bras de son époux qui la trouve adorable,

Et fait distribuer du vin aux invités,

Désirant faire honneur aux nombreuses santés.

L'astre du jour éclaire une tiède soirée,
Dorant de ses rayons la coupole azurée
Du ciel, bleue au zénith et rosée au couchant ;
Des nuages légers, du fond se détachant,
Comme de blancs flocons, du beau temps sont l'indice ;
A l'ouest, un rideau lumineux monte et glisse,
De couleur pourpre au centre, et doré sur les bords,
Au sommet gris de perle. Il voile les trésors
De vie et de chaleur que le soleil retire
Aux mortels, pour la nuit étendant son empire.
Le nuage étincelle et brille de lueur ;
Puis, jaunâtre, il pâlit en perdant sa rougeur.
Le soleil perce encor le voile diaphane,
Et se couche, endormi sur le sein de Diane.

Les convives joyeux boivent à la santé
Du grand Napoléon, et, toujours en gaieté,
Des braves généraux, des hôtes, de Thadée,
De l'aimable Sophie au jeune homme accordée,

Des autres fiancés, des vivants et des morts
Présents à la mémoire, avec tous leurs consorts.

Un des hôtes d'alors, triste de leur survivre,
J'ai tout ce que j'ai vu raconté dans ce livre.

FIN.

NOTE

Une revue littéraire de Cracovie a constaté, *avec autant d'impartialité que de bienveillance,* plusieurs erreurs historiques qui se sont glissées dans la Notice sur l'auteur du *Przedswit,* placée en tête de ma traduction du poëme : *l'Aube.*

Je m'empresse de corriger mes *lapsus calami.*

1. Sigismond Krasinski est né le 19 février 1812, et non, comme je l'avais dit, le 24 février 1811.

2. *Rakoczi,* un des envahisseurs de la Pologne du temps du roi Jean Casimir, n'était pas *hospodar* de Valachie, mais duc de Transylvanie, principauté annexée depuis à la Hongrie, et qui a fourni à la Pologne, à la fin du seizième siècle, son grand roi Stefan Batory.

Le fameux discours prophétique du roi Jean Casimir, dans lequel il prédit la chute et le partage de la Pologne, eut lieu à la diète de l'année 1661. — Le roi, après avoir refoulé l'invasion étrangère, et obtenu une paix honorable par e traité d'Oliva, l'année 1660, proposant aux états réunis l'élection de son successeur au trône, prononça ces paroles remarquables, qui, hélas! ne furent pas écoutées. — Les intrigues du prince Georges Lubomirski et d'autres grands seigneurs firent avorter cette salutaire proposition. Jean Casimir, dégoûté de l'anarchie qui envahissait le royaume, déposa la couronne, l'année 1668, et se retira en France, où il mourut moine, à Nevers, à la fin de l'année 1672.

L'aristarque polonais, moins heureux quand il veut relever mes fautes de style, de forme et d'expressions, les critique durement, ayant toutefois le bon goût d'en laisser l'appréciation au public français, plus indulgent que lui pour mes imperfections poétiques.

J'en ai pourtant rectifié deux, en suite de ses observations, substituant aux mots : *gnome* et *ulcère,* qu'il trouve avec raison déplacés, des équivalents plus euphoniques et plus corrects. Ainsi page 18 de l'épisode en Suisse, vers 14, au lieu de :

J'avais peur de la voir, ombre, sylphide ou gnome.

'ai mis :

J'avais peur de la voir, ombre, fée ou sylphide,
Disparaître au toucher, et, glissant dans mes bras,
Se dissiper à l'air, dans un essor rapide,
Sans pouvoir maintenir ses *suaves* appas.

Et page 27 de l'*Aube*, vers 7, au lieu de :

Partageant mes chagrins, saignant du même *ulcère*,

j'ai mis :

Tu restas avec moi, céleste créature,
Où croissent les soucis, où jaillissent les pleurs,
Partageant mes chagrins, saignant de ma *blessure*.
Unie au même sort, souffrant de mes douleurs...

. . . .

Quant à ses autres remarques injurieuses, diatribes passionnées, dépassant le but par leur exagération évidente, je respecte trop ma dignité d'homme bien élevé, pour lui répondre sur le même ton. Une pareille argumentation, dictée par la mauvaise foi, en termes grossiers, ne saurait m'atteindre; elle nuit uniquement à l'agresseur injuste, employant pour combattre des armes déloyales.

Je viens de lire dans la *Revue polonaise* du 1er octobre la critique de ma traduction de *Monsieur Thadée*, qui n'est qu'un nouveau pamphlet. La plante vénéneuse croissant sur le fumier peut être parfois salutaire; j'en tire aussi mon profit pour corriger un vers impossible, commis par mon imprimeur, qui me fait dire, au chant deuxième, page 121, vers 5 :

. . . . . . Et, lançant une œillade
En coulisse, à Thadée, elle ajoute : « Ainsi qu'aux passions »

. . . .

En coulisse est évidemment de trop ; *lisez :*

> . . . . Et, lançant une œillade
> A Thadée, elle ajoute : « Ainsi qu'aux passions »
> . . . .

Je conviens que le vers est sans mesure, mais que dire de la critique, qui l'est d'un bout à l'autre?

Charles de Noire-Isle.

Paris, octobre 1876.

ERRATA

Page 69, ligne première, *Bernardin,* au lieu de : *Capucin.*

Page 73, 1ᵉʳ vers, lisez : *Et traversant marais, bosquets, taillis, vergers,* au lieu du texte dans le livre.

Page 92, vers 9, *Un sieur* de Soplica, au lieu de : *Sieur Jean.*

Page 107, vers 3, lisez : *Dans une cheminée,* au lieu de : *Dans la cheminée haute.*

Page 117, vers 5, *Car au même instant où, légiste et...* au lieu de : *Car à l'instant précis où, juge et...*

Page 119, après le dernier vers, lisez :

Du tumulte et des cris des vainqueurs, des vaincus.

Page 121, vers 5, lisez : *A Thadée elle ajoute.....,* au lieu de : *En coulisse à Thadée elle ajoute.*

Page 157, vers 13, lisez : *plaine,* au lieu de : *steppe.*

Page 158, vers 10, lisez : *crayons,* au lieu de : *crayon.*
— vers 12, lisez : *clairs rayons,* au lieu de : *passions.*

ERRATA.

Page 207, vers 10, lisez : *Pour l'agreste nature,* au lieu de : *De l'agreste nature.*

Page 258, vers 3, près de *la* face, au lieu de : près de *leur* face.

Page 260, vers 9, Singuliers, *à distance*, était un art terrible, au lieu de : Singuliers, *corps à corps*, était un art terrible.

Page 277, vers 14, Hyacinthe *laissa* Sophie, au lieu de : Hyacinthe *confia* Sophie.

Page 280, vers 11, Hyacinthe plus *tard,* au lieu de : Hyacinthe *repentant.*

Page 281, vers 2, ... *par trahisons,* au lieu de : *par trahison.*

Page 292, vers 4, **Dans** *le* chanvre élevé.., au lieu de : Dans ce chanvre élevé.

Page 294, vers 6, *On les reconnaît bien à..*, au lieu de : *On les connaît encore à* leur air de soldat.

Page 305, en note : *de Minsk,* au lieu de : *Volhynie.*

TABLE DES MATIÈRES

DEUXIÈME PARTIE

Chant septième. — Le Conseil 5
Chant huitième. — L'Invasion 41
Chant neuvième. — La Bataille . . . , ... 91
Chant dixième. — La Confession 141
Chant onzième. — L'Année 1812 205
Chant douzième. — Aimons nous 253